環島的意義

一個哲學教授的社會觀察

SOLITUDE ROAMING

謝青龍

環島的意義

推薦序

勇者無懼

今天（二〇一六年七月十二日）早上，滿載著家人和新竹安慎診所護理人員的祝福，我離開新竹前往嘉義，準備明天開始與青龍老師「為臺灣高教與醫療環島」的行程。這一趟能夠成行，可說是眾緣和合的結果。其中一些關鍵要素若是抽離，則不可能成事。

首先，回想起兩年前的暑假，我執行完國際長任內最後一個任務，也就是帶團到美國洛杉磯進行海外遊學。沒想到回程時，剛上完中正大學暑期全英語課程，我感受到生命進入到了燈殘油盡的境地，似乎只剩下一息尚存了。抗生素的治療不但沒有改善我的健康，甚至還破壞了味覺和嗅覺；最慘的是，大量類固醇的使用，造成我的免疫系統全面崩盤。

從暑假直到開學後兩個月內，我經歷到筆墨無法形容的各式各樣感染和痛苦。從頭頂的毛囊炎惡化到蜂窩性組織炎、眼睛的結膜炎、鼻腔出血、口腔黏膜破裂、氣管炎、肺炎、肝炎、胃和十二指腸潰瘍，甚至我的手指甲也出現了甲溝炎。最慘痛的，就是手腳多處出現有如鐵鎚敲擊般劇痛的痛風。可以說，從頭到腳，我壞透了——或者比較本土的說法，我整組壞了了。

我當時覺得自己純然是一個痛覺的存有。理性、知性、藝術這一切都離我好遠，這時只有「我痛故我在」的體驗，甚至，兩個以上的痛並不會痛痛相抵，反而是每種痛各自作用，無一倖免。最後，在全面啟動的重傷害之下，我的腎功能快速惡化。無論是營養師的衛教或腎臟科醫師的藥方，都無法挽回那不可逆的腎衰竭。當肌酐酸和尿素氮飆高時，我感受到極度噁心和寸寸肌膚的痲木。如果先前所提的諸多感染和疼痛在一到十的級數中有九級的程度，則尿毒症的痛度肯定是高居第十。

坦白說，我的身體被摧殘到幾乎看見了生命的盡頭，但我的心靈或意志，卻沒有頹喪或消沉。在病況最糟的時候，危機成了轉機。我開始接受血液透析，也就是俗稱的洗腎。經過初期一番驚濤駭浪的適應期後，規律的洗腎使我的健康逐漸回穩，除了偶有血壓過低的危險外，我的體力大大增強、說話的音量也逐漸雄厚。

生病期間，我無法上課，同事們熱心分工幫我上完所有的課，我至今仍感念不已。最尷尬的代課處境，就是不太會說笑的謝青龍幫我上笑話社會學，其實對同學而言，不好笑的情境也是值得研究的社會學議題。感謝青龍的用心良苦。

當我的體力漸強之後，具體說就是當我的白蛋白升到四之後，我的批判文章開始多了，我在課堂上的笑話也好笑了，甚至，在過度使用抗生素和尿毒飆高所導致末梢神經嚴重發抖而無法拉二胡的雙手，也因為毒素降低而恢復了穩定性。從此，我非常珍惜演奏樂器所代表的生命力。我開始有紀律地每天練習二胡、葫蘆絲、巴烏和大提琴，外加用禮餅盒當鼓打節奏。

我雖是高教工會的創會理事，但因為擔任學校一級主管後便自我停權，卸任後又因為重病而無法理事。對工會的虧欠，在我體能恢復後，急著償還，只要工會召喚，我都盡可能義不容辭地參與，包括記者會、教育部前抗爭或立法院公聽會。

以上活動之所以能夠成事，最需要感謝的人就是洗腎中心的醫護人員——新竹安慎診所的鄭集鴻院長、兩位林醫師和護理團隊，以及嘉義基督教醫院的張育茹和其他醫護團隊。我們見面的頻率非常高，逐漸培養了深厚的革命情感。雖然我的血管很細，上針對護理人員是極大的壓力，但我早已發展出談笑風生、苦中作樂的開朗態度，坦然面對上針之痛和喬針時的椎心。每週三次長達四個半小時的治療，在人機同體的連結中，我的血液被抽出體外，經由人工腎臟進行擴散作用，將體內血液中的毒素和水分排出。我常自我解嘲說，未來世界人機同體（cyborg）會愈來愈普及，我則算是先驅。

其實，我清楚，相較於常人，我未來的健康，甚至生命勢必更為無常。這反而驅使我更重視生命的品質，而非數量。儘管體力不如常人，我的生命意志，如叔本華（Arthur Schopenhauer, 1788-1860）所言，卻無比旺盛。基於此，我比一般人更勇於揭露每個現象底層的基本預設，並批判其中的謬誤和不正義。予豈好辯哉？實在是不想浪費生命，做一個沒有自我的傀儡或槁木死灰的軀殼。具體而言，當我看到教育現場的陽奉陰違、虛偽造假、欺上瞞下、招搖撞騙，我會直言無諱，即便它是逆耳忠言；對於特定人士在大學中的結黨營私或利欲薰心，我比常人更無所顧忌地予以痛斥。事實上，這樣姿態是危險的，很多人不敢如此冒進，就是擔心掌權者的秋後算帳。雖然，人人皆卻步，我卻不孤單。我的同事中也不乏義無反顧、勇者無懼的傻子。其中最有勇氣的就是，謝青龍！

我們兩人有一事證成彼此的無畏：在沒有相互約定的情況下，我們對新推出的集點式教師評鑑進行不合作行動。我們拒絕調整比重，自願讓自己的成績不及格，甚至在各自主管好心幫忙的情況下，我們都拒絕了調整建議，成為首批不及格教師。我們兩人做好了被不續聘也不改其志的打算。

所謂「路遙知馬力，日久見人心」，生命中雖閱人無數，但總常看走眼，但很幸運地，我看到了一個可以信賴的勇者。我們臭味相投、同聲相應、同氣相求。

雖然志趣相近，但我們的學術背景有差異。在堅持同一陣線、並肩作戰的同時，我們常常交流彼此的知識見解。在廣大的校園中，我們相約每週四晚上十點半散步，一圈又一圈直至深夜。在無數的夜遊步伐中，我對量子力學、古典力學、天文物理、邏輯、倫理學的認識與日俱增，這完全歸功於校園的廣大——當然，真正要居功厥偉的是，青龍在科學哲學和一般哲學上的深厚造詣，以及面對非科班對話者的耐心和說服力。

相較於他的學貫東西、博通古今，我自慚形穢、無地自容——當然，明眼人一看就知道這是一種自謙的說法。但我不宜自己點破。我僅能回饋給他我在社會學、教育、音樂等方面的淺薄拙見。嗯，太謙虛會讓人噁心，容我轉移話題。

我們兩人無數校園散步的日子，讓我聯想到德希達（Jacques Derrida, 1930-2004）在一篇有關大學責任的文章中提到，大學不應該被現代工業化社會的快節奏所汙染，應該在慢節奏中站穩立場，做出主張。我們的散步聊天培養出了一種彼此看重對方的對話倫理，也在不斷的往復中，產生了高度的視域融合。

聊天會激盪腦力，在最近的一次聊天中，我們詢問彼此暑假有何安排。一個念頭突然閃現——不如，我們兩人來個機車環島吧！聽來已讓人非常興奮了，但我們的對話不斷加碼——不如，我們讓這一趟環島帶有更高的附加價值吧！對！我們就以「為臺灣高教與醫療環島」作為訴求吧！

首先，一個洗腎的腎友是否一定要牽就醫院，而無法遠行，而失去移動能力（mobility）呢？也許我可以用自己的身軀來親自示現，帶著一張健保卡可以行遍臺灣的可能性。我們決定花十一天的時間由嘉義出發，逆時針方向環島。在這期間，我必須在五個城市或鄉村的五間醫院洗腎。雖然在打電話預約時，受到一點挫折，但有我的學生，也是護理師張育茹動用人脈、打通關節，我終於安排好了所有的醫療行程。想想一般病患若沒有如我般的社會網絡，勢必無法因無縫接軌的醫療資源連結而通行無阻。想及此，心中不免汗顏和不忍。

這一趟另一個附加價值，就是踏查各地、結交各地對教育有理念、有堅持的朋友，一起來大聲呼喊，揭露目前的高教亂象，提出改革的訴求。我們的前置作業出奇順利。兩三天內，在「為臺灣高教與醫療環島」臉書社團中，已有近千人加入，追蹤我們的動向。許多廣播電臺、報社和各地方的教育團體，邀請我們進行訪問與座談。我們在教育議題提出了七大訴求，分別是：高教公共化、終結私大門神、兼任教師納入《勞基法》、全面抵制集點式教師評鑑、終止大學血汗勞動、學生助理納入勞健保、落實學生自主學習。

我與謝青龍，和一位不願具名的後援老師，將帶著滿滿的熱情，與各地朋友交陪。我會帶著樂器二胡、葫蘆絲和巴烏來與各地朋友切磋，也當成引子或前奏，希望藉此揭開提升臺灣高教品質的序曲。

我們三位老師自我戲稱為「不及格三人組」，希望利用這次環島之旅喚起大學的良知，全面檢討集點式教師評鑑的荒謬，和其對大學理念的嚴重傷害。

此次環島對青龍而言，可說是駕輕就熟。他在過去兩年的暑假，分別以騎機車、徒步加搭便車，順時針或逆時針地進行了兩次深度環島。兩年前，剛卸下南華大學學務長職務的他，決定買一部野狼機車，仿效切・格瓦拉（Che Guevara, 1928-1967）的精神，以騎機車方式深入臺灣各個角落，踏查社會各階層的處境。隔年，他決定放慢腳步，以接地氣的徒步環島方式，與無數的人們用心對話，並深刻體會了社會資源分配不均在各地產生的後果。

作為一位兼具科學和人文素養的教授，青龍不但在學術殿堂作育英才和挑戰崩壞的校務，更能做到知行合一、實踐先於理論。兩年的環島體驗，讓他決定跨出閒雲野鶴的自了漢境界，並以蒼生為念，站出來為社會正義說真話。在他的精神感召下，我決定追隨他，攜手為臺灣的高教和醫療環島。

草於出發前夕

南華大學應用社會學系副教授、臺灣高等教育產業工會創會理事・周平

環島的意義｜推薦序

自序

環島的意義

常有人說，身為臺灣人不能不做三件事——環島、登玉山及泳渡日月潭，其中又以環島最為多數人所熱衷。於是在臺灣年輕人一片「瘋環島」的浪潮中，有這麼一個年已半百的大學教師，不服老地也跟隨這股浪潮去環島，而且還不止一次：先是騎一輛中古的野狼一五〇摩托車完成環臺一圈後，隔年，還加碼用徒步搭便車的方式再環一圈，莫不是環島這件事會上癮不成？

環島的意義到底為何？恐怕在這一波波環島的人潮中，有許多人只是跟隨這股潮流而走，如同手持時尚名牌包包一樣，環島一圈之後就彷彿鍍上一層品牌保證，可以在同儕間高居優位。難道這就是環島的意義嗎？

在這兩次不同方式的環島經驗中，我親眼目睹與接觸許多「環島客」，其中有低著頭猛走，完全不理會周遭一切事物的；也有拖著一只行李箱，就像出國旅遊的；有大張旗鼓地在T恤印上斗大的「我在環島」字樣的；更有一大群人報名旅行社，猶如觀光團，沿路的補給與住宿早有先行人員準備，一路更有隨行車輛戒護的；有為減重而走，有為失戀而走、為打賭而走，或是為了證明自己的能力而走，……雖然我不知道他們各自的環島目的為何，但肯定目標卻是一致——走過一圈臺灣！

那麼，身為一個大學教師，人生走過半百的歲月，我的環島意義又是什麼呢？

雖然教書已歷十五個年頭，每天接觸最多的就是學生的事務，但真正讓我感受最深刻的卻是在兩年學務長任內，曾舉辦過幾次的青年圓夢計畫。在這個計畫中，我鼓勵大學生要勇敢走出舒適圈，秉持服務利他的精神，超越自身的囿限，去挑戰自己的極限，向自己的夢想逐步前進。所未料想到的是，這些鼓勵同學的話，每一句都好像是有後座力般地襲向我自己而來！

哲學家康德（Immanuel Kant, 1724-1804）一生未曾離開家鄉，但卻寫就了影響西方哲學極為重要的「三大批判」（《純粹理性批判》、《實踐理性批判》及《判斷力批判》）；科學家愛因斯坦（Albert Einstein, 1879-1955）坐在狹窄的專利局辦公室裡，只憑一顆不受拘限的頭腦，發明了穿越宇宙時空的「相對論」。從事哲學與科學思考以來，我一直沒有把自己定位在行動派的角色上，大概就是深受上述兩位人物的影響，但是兩年的學務工作卻完全改變了我的想法，讓自己卡在進退維谷的兩難困境中——作為老師，當我鼓勵同學行動時，我卻是不行動的；作為行政主管，當我看到不合理的學校政策時，我卻不得不去執行它；作為臺灣高等教育的一分子，眼見臺灣的大學精神淪喪，我卻無法去改變它。

於是，二〇一四年八月甫卸下學務長的行政職務，我便迫不急待跨上我的野狼一五〇，一個人、一輛摩托車，載著簡單的行李與睡袋，像逃難一般的心境，愴愴惶惶從南華大學出發，開始了環島旅程。曾有人問我：在擔任學務長的期間中到底受到了怎樣的傷痛，不然怎麼會用難民的心情逃離這個職務？其實，我並不是厭倦學務工作，也不是為了逃離學校，當然也沒有受到什麼迫害。那麼，我到底在逃避什麼？我想，我真正無法忍受的是臺灣高等教育的沉淪吧！於是，我仿效切・格瓦拉在革命前夕的摩托車旅程，希望在環島的過程中，重新找到臺灣的生命原動力並思索臺灣教育的未來。

環島期間，我造訪了蘇花公路上的臺灣水泥廠、臺北迴龍的樂生療養院、大埔的張藥房、麥寮的六輕石化廠，當然還有萬里的核能發電一號廠、金山的核能發電二號廠、後壁湖的核能發電三號廠……。我常常靜靜地一個人坐在路邊，任由路過的砂石車捲起漫天塵土，思索著臺灣新住民的在地化、思索著臺東南迴段的醫療缺乏、思索著大量的工程建設如何掏空臺灣的砂石、思索著都市更新中公眾利益與個體利益的矛盾、思索著痲瘋病中的權力意志、思索著公權力的無限上綱、思索著現代石化工業帶來的汙染、思索著臺灣對核能發電的複雜情結⋯⋯。

漫長的旅程，不斷地思索，慢慢地我似乎意識到了：臺灣過去十年來的高等教育演變，其實是消失的黃金十年！隨著政府的鎖國、政黨的惡鬥、經濟的蕭條、財富分配的不均不公⋯⋯，使臺灣民眾不僅在目前的生活出現困頓，也對未來的生涯感到迷惘。所謂的「少子化」不過是反映出臺灣民眾對未來的絕望而已，它並不是「因」而是「果」啊！可惜的是多數人把「少子化」看成了原因，看成是必須改變教育本質的原因，然後就出現了這十年來的教育質變，教育逐漸變成了只為了謀職找飯碗的工具，各教育機構也爭相以畢業後的就業率作為招生的宣傳重點。於是，教育不再是公民意識的基礎，教育不再是培養作為一個人的主體性彰顯，教育不再是重估社會價值的批判基礎，教育也不再是人類文明得以延續的命脈⋯⋯，那麼，我們如何還能冀望前述那些困擾著臺灣未來發展的問題可以被理性思考與公開論辯呢？

猶記得二〇一五年七月第二次環島出發前夕，臉書上有一位朋友問我：「這次又要流浪去哪裡？」一面對上述諸多的困境與難題，原本我以為流浪的目的是為了找到回家的路，在環島的歷程中能找到解決問題的答案。直到徒步環島時，當我有更多的時間、空間與自己相處之後，在某一天無意識地忘我漫步時，突然一個念頭閃過我的腦袋：流浪本就不該有目的地啊！

對流浪者而言，流浪既然稱之為流浪，那就不應該有目的或所謂的目的地；他不同於歸鄉者，歸鄉者的流浪在找尋，找尋他的原鄉之所，即使他的足跡踏上多遠的國界，或是他的旅途多麼曲折蜿蜒，他的目的地永遠是指向他生命的原鄉之所。可是，流浪者他沒有這樣的原鄉之所，如果他的流浪是有目的地，那就不該稱之為流浪。

如果真的要為流浪定一個目的的話，那麼這個目的也只在每一個步伐腳下的道路而已，它看起來是那麼微不足道，根本無法讓我們覺察它未來的方向。那麼對我而言，流浪到底是為了什麼呢？我想的是：當下每一個步伐的無目的性，或許在遙遠的未來，將不知不覺帶著我，走到我從未踏足的境地！

在徒步環島的過程中，有個早我一個多禮拜出發徒步環島的哲學系學生傳來一則訊息，他說：「環島第十四天，我決定回家了，謝謝一路上幫助過我的所有人。」很多朋友提出疑問：「為什麼要放棄？」甚至有朋友還把我拿來與他比較：「和青龍老師拚了，年輕人，你別輸啊！」但是我看到他的回答是：「不了吧，這個又不是比賽！」

環島又不是比賽，說得真好，不是嗎？或許每個人對環島的意義與目的不盡相同，但若環島本身已經失去意義，或是環島的意義已經達成，那為什麼要執著於走完全程？難道只是為了怕丟臉或被嘲笑嗎？回想我出發前一晚，曾心情激盪地在日記上寫著：「給自己一個月的時間去流浪，用最貧窮的環島方式（徒步或搭便車），喚醒自己內心最早期的記憶，更堅定自己未來該努力的方向。」我知道不論是否走完全程，我都必須用最真誠的態度面對自己。

或許我的流浪正是凸顯出我內心的不安狀態！長久以來的哲學思考，其實反映的是自己從小到大的不安心靈，因為我不知道生命的答案為何，所以也就不斷地追尋——在哲學思索的過程中，透過與古今哲學家的對話，逐漸安撫了自己內在的不安，也讓自己慢慢習慣於與孤獨共處。

在環島行囊裡唯一隨身攜帶的一本書——海德格爾（Martin Heidegger, 1889-1976）的《荷爾德林詩的闡釋》書中序言說到：「這些闡釋乃是一種思與詩的對話；這種詩的歷史唯一性無法在文學史上得到證明，而是必須通過運思的對話才能進入這種唯一性。」或許，在孤獨的環島流浪旅途中，我所追求的正是一種沉思、一種詩歌，當這分沉思與詩歌相遇而開展出孤獨的美感時，我渴望可以驚鴻一瞥地切近這個唯一性！

序於臺南古都

2014年烈暑

騎野狼的哲學家

August 2nd

回家就是為了離家

進到研究室，看著再熟悉不過的周遭環境，書架上依然堆滿了各類書籍，電腦也一如平常地躺在書桌上等待我的開啟，大提琴靜靜地斜靠在角落邊，但是我只在乎把睡袋、帳篷及行李整理好，心中默想著有沒有什麼東西遺漏了。

等到一切都安置妥當，全罩式安全帽彷彿在向我招手，提醒我莫再留戀了，該出發了！

突然想起平時同學們到研究室時，總是半開玩笑地把研究室當成在臉書（facebook）上打卡的地點——青龍幫聚會所。於是我打開手機，找到這個打卡點，帶著有點虔誠的心，慎重地按下生平第一次打卡，把這個經驗獻給了這個聚會所。此時心裡湧現起一股莫名的悸動，感謝過往所有在這個聚會所裡，帶給我信心與動力的老師與同學們！

不敢再逗留，**就讓過往的留在過往，現在的我，正要出發往另一個未知的領域**。拎起行囊——帳篷、睡袋、以及一捆可笑的行李——準備騎上我的野狼一五〇。手機上傳來一則簡訊，原來是以前學務處的同仁聖真：「老師，老早就聽說您要騎摩托車環島，剛才遠遠地看您提著行李，似乎已經準備出發了，來不及喊您，就發簡訊給您，祝您一路平安。莫忘了要帶回來很多有趣的故事，作為伴手禮與我們分享哦！」

「好啊，沒問題！」簡短的回訊，沒想到卻開啟了我這趟旅程中最有趣的即時分享報導。

摩托車環島的首站，竟然就是回家！

從嘉義到臺南的這段路程，在十餘年的通勤歲月中，早就不知走過多少遍了，但從未像今天這樣——騎摩托車馳騁在臺一線省道上，一路經過北回歸線紀念碑、水上、南靖、八掌溪、後壁、新營、柳營、林鳳營……當我看到曾文溪時，我知道臺南市已經不遠了；然後善化、南科、新市、永康，終於抵達我的環島首站——臺南市。熟悉的街道景物，一步一步將我導引到家的方向。

當我風塵僕僕地站家門口時，才驚覺距離出發的時間，已經過了二個半小時了，在這期間我竟完全忘了停下來作任何的駐足。

全罩式安全帽彷彿在向我招手，提醒我莫再留戀了，該出發了！

我簡單地將行李捆綁在車子後座，看起來有些可笑，比起時下流行的重機車族那種專業裝備，更顯得有些寒傖與克難。但是，我的心一點也不以為意，因為我非常感恩，在年近五十歲的今天，竟然還有這樣的機會，重圓年輕時的夢想，我不敢再奢求更多了。

二十多年沒再騎過野狼了。曾經，我的第一輛摩托車——野狼一二五，陪我度過許多生命中的精彩片段；而今，我再度跨上野狼，那種離合器打檔的熟悉親切感，原來一直都存留在我的記憶深處。不需強記也毋需練習，一種默會的身體反應自然而生，左手緊握離合器，左腳踩踏換檔踏板，隨著右手催轉油門，左手慢慢地放鬆離合器。野狼，上路了。

August 4th

為高雄氣爆祝禱

回到臺南休息一天，今天再度踏上征途。沒想到甫出臺南市界，野狼無預警熄火，粗略檢查後看不出任何毛病與問題；打開油箱蓋，搖了搖車子，還聽得到液體晃動的聲音，雖不多但也非完全沒油啊，問題到底出在哪裡呢？

舉目望去，沒找到機車行，卻發現前方約一百公尺處就有加油站。好吧，那就先加油試試看。沒想到加滿油後，野狼馬上奇蹟似地又能發動，看來真的是沒油了。怪哉，剛才聽油箱聲響時，明明還有油啊！事後才知道野狼摩托車的油箱設計確實存在這樣的問題，即當油量低於某一程度時，引擎就無法發動。當然，我不敢再鐵齒，馬上找來一只兩公升裝的保特瓶，加滿油備用。

想來也算是幸運了，若抛油錨的地點是在前不著村、後不著店的三不管地帶，那豈不更加麻煩？感謝冥冥之中的安排，讓我在最沒有困難的情形下，解決了野狼的油箱問題。（不過，後來我才發現這輛二手野狼一五〇的毛病不止於此，**另一個更嚴重的問題在兩天後幾乎要了我的命！**）

坐在奇美博物館湖邊的長椅上吃著午餐，欣賞眼前的美景，看著博物館的巴洛克式建築倒映在湖中，在碧綠的湖水中襯著藍天與白雲，而遠處的幾隻水鴨拍動著翅膀，皺動了這一池春水。想像在不久的未來，此地將人聲鼎沸、車馬雜沓，不禁會心微笑地享受著這分尚未開放前的寧靜。

清風徐來，在這夏日午後的悠閒時光中，想起出發前答應朋友們要在臉書上多放一些旅途中的見聞與奇景，於是我用最虔誠的心，上傳了這趟摩托車旅程的第一張照片——非常榮幸的是，這是我的臺南家鄉。

經過這一番折騰，太陽已高高掛在天空正上方，心想也該找個地方吃午餐了，這時正好途經臺南都會公園，遠遠就看到奇美博物館雄偉的建築，雖然尚未對外開放參觀，但久聞它風景奇佳，心想何不趁此機緣上前拜訪？果然，主體建築雖已大致完成，但周邊景觀尚未完全修葺竣工，即使如此，仍可感覺到它散發的磅礴氣勢，相信未來應是臺南市一處絕佳休憩場所。

騎上野狼繼續南下到高雄，前往這趟摩托車旅程的第一個目的地——高雄氣爆現場。

就在這趟摩托車環島旅程出發的前一日，高雄市發生了臺灣歷史上最大的天然氣氣爆事件。七月三十一日晚上十一時至八月一日凌晨，是高雄人心中永遠的痛。還記得當時，我正忙著整理打點這趟旅程的行李，突然電視機傳來一陣陣的驚天巨響，新聞主播不斷重複報導著這件重大工安事件。當下，我就決定將高雄列入我此行的第一個目的地。

來到高雄二聖路的氣爆地點，只見附近騎樓下盡是一群群的

遠望氣爆現場，祈願亡者安息。

救難隊與維安警察，他們或是圍坐在一起小聲談論，或是散坐在路邊的階梯上吃便當，或是斜靠於牆邊閉目假寐。商家早已鐵門深鎖，即使未受氣爆波及的店家，氣爆後的停電大概也讓他們無從營業了吧。

在維安警察的管制下，我只能遠遠地望向街道彼端的氣爆地點，默默地合掌祝禱。

祈願亡者安息，萬物回歸自然！

在豔陽高張的藍天下，我接著來到了屏東的大鵬灣。奇怪的是，我並沒有要趕路啊，但為何從臺南出發的第一天，就已經來到了屏東？看來是心尚未穩定，那分從容與自在也還沒完全建立。

理論上，摩托車旅程在每天下午天未黑前，就應該開始尋覓當天的落腳處。但在夏日的長晝中，我卻不知不覺地延長了行車的時間。即使已經是下午五點半左右的時間了，但是炙膚的驕陽仍高掛天空，柏油路散發出來的氤氳熱氣也流動在空氣中，一切都猶如中午剛過後的炎熱模樣，似乎太陽就這麼一直停留在天空同一個位

在熱帶的屏東跨海大橋，我留下了這一張蔚藍天空的畫面。

置上，一點也沒有改變它的熱力！

貪趕了路程，當七點多天空已經完全暗下來時，我才驚覺今晚的落腳處尚未有著落。此時車行至水底寮，這個一般人不會經意的地方，它就座落在枋寮與墾丁的分叉路口上：若順著臺一線省道往南直行就是墾丁，但若是在這個叉路上選擇右行，就會到達曾經是臺鐵西部幹線的最南站——枋寮車站。

離開臺南的第一個住宿夜，我本想在這個小鎮上找一處僻靜處過夜，但不論是在國小或車站邊幾處空地上，當我將摩托車停在路邊、準備就地紮營，面對偶然路過的行人與車輛，都會不自主地豎起神經，羞澀地放不下身段，尷尬地無法卸下行李。

幾經思量，仍然鼓不起勇氣就地紮營，只好祭出Google找尋附近的民宿。好不容易搜尋到幾家民宿，打電話一問，這些民宿哪裡是民宿，簡直比飯店還高級，價格動輒幾千元起算。最後終於詢問到「鐵騎休息棧」民宿，老闆談吐有趣、年輕，還自動將雙人房權作單人房降價，住宿一晚六百元，想想也還能接受，問明地點後就

我與民宿老闆相談甚歡，從站著到坐著、從櫃檯到沙發、然後又從室內聊到庭園，聽著他緩緩談著父親過世時的心情、剛接手這家民宿時的生活轉變，最後談到他對平凡生活的滿足。在這夏夜的星空下，我有幸能聽到一個年輕人幸福的生活夢想。

即前往，結果它就在剛才來時路上的分叉口而已。

繞了一大圈，耗了一大段時間，卻回到原點，相較幾日後那種隨地可睡的情景，現在的我真的非常可笑啊！

August 5th

伯勞鳥與核電廠

夏日的陽光總是訴説著酷熱，趁著早上還有些許的微風，跨上野狼，又是一天的開始了。摩托車引擎發動著，這種略帶著懷舊感的引擎聲，讓我聯想到那些可敬的郵差，他們騎著同樣的摩托車上山下海，為許多人遞送著訊息與希望。

在藍天白雲下，我循著臺一線省道往墾丁方向前進，沿途開始出現蔚藍的海洋，就像許多常見的國外風景明信片一樣，讓我猶如置身於異國美景中。即使沒有準備專業的單眼相機，我還是拿出了略帶磨損的手機，開始記錄著這趟旅程中的點點滴滴。

途經楓港，看見路旁一攤販殘破的招牌上寫著「烤鳥」的大字，望著略為掉漆的字跡，腦海中不自覺地浮現出小時候對楓港的印象。

是啊！這是多少臺灣人的共同記憶啊！不論是畢業旅行或親友結伴旅遊，每次去墾丁國家公園，途中必定會經過楓港這個地方，加上此地是轉往東臺灣九號省道的起點，所以不管大型遊覽車或小型客車，都把楓港當作是一處必要的休息站。那時候只見大大小小的車子停滿省道的兩側，旅客成群結伴在大馬路上閒逛，而路旁也總是排著一長列的攤販，幾乎每個攤販都高掛「烤小鳥」的招牌，也幾乎每個旅客都人手一串烤得焦香酥脆的烤鳥仔巴。

還記得小時候來到這裡，看到烤小鳥的形狀嚇得哇哇叫，不管大人如何哄騙，就是不敢咬上一口。直到國中畢業旅行，眼見又是人手一串大啖不止，為了在同學間不顯怯懦，「鼓起勇氣」買一串來嘗嘗看，覺得滋味不錯，後來也就入境隨俗，每次途經楓港都會買一串烤鳥仔巴來吃。

當然，現在的我已經知道這些被烤來作為旅客口中美食的小鳥，其實就是伯勞鳥。

臺灣四季宜人、氣候溫和，每年初冬都有大批的候鳥過境或留下過冬，但牠們不知道的是，在這裡等待牠們到來的，卻是一張張捕獵的大網，以及一攤攤炙烤的爐火，於是烤伯勞鳥就成了楓港最著名的特色小吃。隨著環保意識抬頭，加上政府法令禁止，烤伯勞早已成為歷史名詞，幾年前開車經過這裡時，幾乎已看不到烤小鳥的攤販，取而代之的是烤魷魚了。

來到墾丁的後壁湖，當然不能錯過臺電的核三廠，這也是我這趟環島行程中少數被我列入必到訪的地點之一。

離開了省道，轉進後壁湖，一進臺電展示區，迎面而來的是ＬＥＤ跑馬燈上閃亮的口號：「要省電，也要核四！」真是一大諷

朋友建議多拍一些沿途的美景與奇特的景象，因為將來這些照片都會成為非常美的回憶。

近年來，往臺東的新外環道路開通，在未進入楓港前就有一座大型高架橋引導著開車的旅人不必再經過楓港街道，直接由高架道路就能接通臺九線的南迴路段。旅客車輛雖未減少，但多已不再進入楓港街道了，當今天我騎摩托車經過楓港時，幾乎不敢相信自己的眼睛，眼前出現的景象實在與小時候的記憶有太大的落差。現在的楓港街道，就跟我一路騎車經過的小村落沒什麼兩樣，若不是這一個破落攤販上的烤鳥招牌，我幾乎無法把此地跟我印象中熱鬧的楓港連結在一起。

在不勝唏噓中，這塊已經斑駁不堪的招牌似乎也正訴說著這個行業的興衰，更增添了旅途中的幾許落寞。

刺，核四是否續建已是全民公投的國家政策性議題，但在這裡卻似乎是不需討論的「確定答案」，莫非這就是所謂的內定政策嗎？

參觀整個展示場後，當然要去看看核三廠的排水出口及後壁湖全景。當我站在巨大的排水口前，看著滾滾白浪般的核電冷卻水源源不絕向大海奔流而去，想到各類期刊研究報告曾指出「隨著核電排放廢水的餘溫，造就了此處排水口的特殊海洋魚種生態」，又看到遠處礁岸上站著幾名釣客，正聚精會神地注視釣桿與浮標的擺動，或許此處排水口對他們而言，是一處絕佳的釣場，但他們知道這樣的釣場需要付出怎樣的代價嗎？而除了聚集釣客之外，此地顯然已經是觀光景點，環顧周遭一切景物，在那些販賣各式小吃的攤商間，身著南島風情花花綠綠襯衫的觀光客正川流不息地在我身旁穿梭著。在碧海藍天的美景下，我這樣一個騎著野狼摩托車、駝載著沉重環島行李的流浪漢，竟是如此格格不入！

離開核三廠，繼續跨上我的野狼紮紮實實地繞了一圈臺灣尾。從國境之南向北走佳鵝公路，沿途經過龍磐公園、風吹砂、佳

核三廠的冷卻水源源不絕向大海奔流而去，造成的環境影響難以評估。

樂水，都是年少時曾駐足遊憩的地點，記憶中最美的滿天星斗，就是十多年前在此夜遊的印象。

繞了一圈南臺灣，又回到了恆春古城，在南門附近發現一座城隍廟，中堂掛匾的題字竟與我的故鄉臺南的城隍廟完全相同——**「爾來了」**！猶記幾年前的暑假，曾騎著自己改裝的行動咖啡腳踏車，在臺南古都的大街小巷叫賣咖啡，當時每天行經的固定路線中，必會經過青年路的城隍廟，每次經過時我必轉頭望向這塊標記著生死哲學中最後箴言的匾額。如今環島的途中，在這個離家百里之遙的恆春小鎮，竟然又看到相同的匾額，頓時產生離鄉背井的遊子在異鄉中乍見親人的喜悅。

在夏夜的恆春鎮，街道上到處都是年輕觀光客的身影，在恆春小鎮繞了一圈後，我選定了外環道路上的小公園紮營。此處有廁所、水源還有屋頂，若半夜下雨也不必驚慌。

打開營帳架，經過一番努力後終於架好了帳篷，雖然出發前在研究室曾演練過，但實地到了野外，還是不免一陣手忙腳亂。當

（左）恆春城隍廟題匾「爾來了」。（右）因為公路開闢及植物蔓生，風吹砂已不復昔日沙石漫天奇景。

我準備跨進全新的帳篷裡面時，才想起這是我環島的第一次露宿，對比昨天在枋寮車站旁遲疑不決的羞赧心境，突然覺得今天的露宿，對我而言似乎自然了許多。

一切安置就緒後，躺在帳篷裡感到有些悶熱但還不到無法忍受，枕著睡袋，聆聽著帳篷外的聲響：幾位居民散步時的交談聲、一對情侶買了宵夜吃喝時的調情聲，偶而有幾隻流浪犬在我帳篷外徘徊的低吟聲，交雜著不遠處省道上不時呼嘯經過的車流聲與夜遊旅客的歡笑聲……，這些聲音共同構成了帳篷外的世界，而在這小小的帳篷所構築起的天地裡，我慶幸自己已經開始適應了這樣餐風宿露的生活——雖然才只是環島旅程的第二夜！

August 6th

生死一瞬間

一夜無事睡至天明，迷迷糊糊中感覺到帳篷外有人聲浮動，略為清醒一聽，原來是婆婆媽媽們早起運動，不敢再睡，怕擾動了原本社區住民的生活習慣與節奏。匆匆到廁所盥洗完畢，收拾起睡袋與帳篷，連同行李捆綁至摩托車上，一切就緒準備出發。不想一陣大雨突如其來，不僅讓早覺會的阿嬤們在七嘴八舌中一哄而散，也讓整個公園裡又留下我獨自一人呆望著天空，心想：這雨勢不小啊！今天準備進入山區，不知能否順利？

隨著中午將至，雨勢也略見緩和，雲層消散，天光漸亮，但這已是我在附近早餐店用過早餐，又坐在便利商店裡喝了兩杯咖啡之後的事了。一見陽光露臉，我馬上回到小公園，發動引擎出發，

遠處山頭的烏雲及地上未乾的雨漬，似乎透漏著某種訊息，只是我當時未曾細察。

但是，望著遠處山頭的烏雲及地上未乾的雨漬，心裡隱約有不祥的預兆，稍晚果然印證了我心中的不安。

由於南臺灣墾丁的環海公路最多只到旭海，無法真正環接臺灣尾至臺東，所以今天預計從車城一九九縣道切入山區到牡丹，然後接臺九線到臺東。行過四重溪才發現真的要進入山區了，騎了十多分鐘竟然都不見任何車輛與行人，雨後的山路上一片寧靜，襯映著眼前的青山綠水，就連空氣都感覺清新幽雅，彷彿進入世外桃源般。此時心中略有所感，將摩托車熄火停在路旁，一個人坐在路邊，靜靜感受微風徐來的婆娑聲響，交雜著樹梢間的幾聲鳥叫，就像是在聆聽整座山谷的低吟交響曲。就在重新發動引擎的同時，我突然意識到：**原來我才是破壞這片寧靜的人啊！**

幾經曲折山道，終於來到了牡丹社區。首先吸引我的視線的當然就是牡丹水庫了，站在進入牡丹社區的大橋上，遠望水庫壩頂的雄偉氣勢，以及兩岸幾乎全用鵝卵石堆砌而成的溢洪道，可以想見當初建造水庫時的艱辛與巧思。由於地處崇山峻嶺之中，建材搬

走上壩頂，清風拂來，頭腦一片清明，頓覺心曠神怡。由於大雨剛過，從壩頂遠眺出去的藍天與青山，猶如新洗淨過一樣，照映著水庫湖面的綠波盪漾，加上四周的蟲鳴風吟齊奏，整個牡丹社區美得就像人間仙境一般。

運不易，建造牡丹水庫的先民們乃就地取材，以鵝卵石作為水壩主體，因地制宜成就了眼前不凡的磅礴氣勢。饒是如此，牡丹水庫仍然是號稱全臺灣造價最貴的水庫，可見當時施工之不易了。

或許是還沉醉於這片山水美景中，我一路上緩緩行駛前進，捨不得放棄任何欣賞風景的機會，最後索性脫下鞋子在路旁小溪濯足，享受著山泉流過的沁涼。此時的我靜靜站在水中央，聆聽涓涓細水流動的音律，想起年輕時看過的一幅電影劇照，那是一個釣手的身影，站在河面一塊大石上，在群山環繞的綠蔭中，雙手將釣索高高拋起，勾畫出一道貫穿生命長河的線條。那是對一條大河永恆的愛戀啊！

神思凝注在河流的生生不息中，我彷彿也逐漸融入了這一片青山綠水，一隻紅蜻蜓飛來，在我身旁匝繞數圈後停在不遠處，與我共賞著大自然的律動，靜靜地，我不敢驚動牠，如同不敢驚動這山間一隅的靜謐一樣，良久良久。河水流經我的雙足，如同它流過我的生命，我知道，我這輩子的生命記憶中將永遠有這一條河流的意

紅蜻蜓停在不遠處，我不敢驚動牠，如同不敢驚動這山間一隅的靜謐。

象了。

捨不得上岸，但實在不得不上路了。擦乾雙腳，穿上鞋子，跨上野狼，怒吼的引擎聲再次擾動起一股旋風。就在我仍溫存於適才的餘韻時，風聲不絕地從耳旁呼嘯而過，在轉彎處突然驚見對向車道一輛載著挖土機的重型卡車迎面而來，只見它占滿了這狹窄的一九九縣道，這時腦筋快速地閃過兩個想法：設法切過路旁僅剩的一點空隙，與它在狹窄的縣道上錯車而過？還是直接撞向路旁護欄，避開它將傷害降至最低？前者可能全身而過，但只要有一點小擦撞恐怕就是大禍了，於是就在電光石火間，我選擇了後者！

一連串的撞擊拖行與一陣暈眩後，我聽到摩托車仍啵啵地運轉著，慢慢意識到自己正被野狼壓倒在地，離合器被左腿卡住，才使機車在經過這一連串擦撞後竟然沒有熄火。略一使力抬起左腳，隨著離合器鬆脫，引擎瞬間停止。我掙扎著從野狼底下抽出左腳，心有餘悸坐在地上，想著剛才生死交錯的一瞬間。慢慢地身體開始感覺到疼痛，略一檢查，左小腿輕微擦傷，胸口似撞到護欄而稍有痛感，所幸用手按壓胸口並無劇痛現象，研判肋骨應無骨折而稍為放心（隔天睡起才發現右胸口一片瘀青），於是將野狼扶正後坐在路旁休息，讓心情逐漸回復平穩。

自此一路上無心再欣賞風景，只希望趕快通過這段狹窄的縣道，但剛才的摔車（嚴格說來應該不算車禍吧！）實在讓我受到不小的驚嚇，突然覺得騎摩托車不再是輕鬆愉快的事，反而背負著一股沉重的安全顧慮。所以，雖然心裡急著想通過這段山路，但車速反而愈騎愈慢，好不容易終於通過了一九九縣道，接上臺九省道，但我一路上仍然小心翼翼，直到看到東海岸的第一家便利超商時，心裡才放下一顆沉重的大石，終於可以休息與清理傷口了。

再度踏上旅途，來到了臺東的太麻里。以往每次開車從臺九線到臺東太麻里時，當第一道海岸線升起映入眼簾時，壯闊的海岸美景總是會引起車內的家人一陣驚呼聲，但我現在卻因身體的疼痛而無心欣賞了。

幾天後，當我騎至宜蘭，才突然想起這趟旅程中的一個重要訪點——臺東達仁鄉的「南迴基金會」，竟然在初入臺東時完全忘了前往，可見這次的摔車對我真的造成頗大的震撼。

照片所拍的是多良車站，稱得上是臺灣最美的海邊車站。

August 7th

被放棄的教學現場

一早起來全身痠痛，昨天摔車的後遺症都浮現出來了，除左小腿的擦傷外，右胸口與右大腿也各有一大片隱約可見的瘀青。細細感受四肢百骸的僵硬與痛楚，不禁呆想：出發至今已經第四天了，但心情上卻似乎仍在摸索與調適，總有一種不安定感，好像非得要一直趕路，才能填滿這種不踏實的心理狀態，或許昨天的摔車事件就是在提醒我——

慢下來！

這麼一想，我的心境上似乎變得不一樣，從不安定的趕路狀態，逐漸沉澱為平靜的行旅。有了這一層轉折，頭腦突然清明而開始不斷發想，許多旅程中的經歷與想法紛紛湧現出來。走出民宿，坐在太麻里唯一一家便利超商吃早餐，把這幾天來的行程重新檢視一遍，攤開黑色筆記本，開始一點一滴將這些想法慢慢寫成環島以來的第一次心情筆記，正好呼應出發前一位朋友的話：「**一個人的旅行過程中，與自己對話就是旅行的最大的伴手禮！**」

咖啡、筆記本、筆及眼鏡，構成了一幅有趣的「文青」畫面，一上傳到臉書，馬上引來許多朋友爭相撻伐，笑我這把年紀了還在「假文青」，我非常嚴肅地回應說我其實是「憤老」（憤怒的老年）才對！

為什麼如此自嘲呢？猶記得幾天前（七月底）甫卸下學務長的行政職務，我便迫不急待跨上我的野狼一五〇，一個人，一輛摩托車，載著簡單的行李與睡袋，像逃難一般的心境，愴愴惶惶地從南華大學出發，開始了難民似的環島旅程。曾有人關心我是否在擔任學務長的期間中受到了傷痛，不然怎麼會用難民的心情逃離這個職務，其實我並不是厭倦學務工作，也不是為了逃離學校，當然更沒有受到什麼迫害，而是無法忍受臺灣高等教育的沉淪！於是，我仿效切．格瓦拉在革命前夕的摩托車旅程，希望透過環島重新找到臺灣的生命原動力，並思索臺灣教育的未來。

所以啊，我應該是「憤老」才對啊！

經過一上午的心情沉澱，重新調整了這趟摩托車旅程的步調。在告別了太麻里這間陽春民宿後，預計先到臺東市走走，下午再走臺九線進花東縱谷。

今天開始要放慢步調、多接觸一些在地文化。來到臺東市，先將行李寄放在康樂火車站，輕裝前往市區。

臺東市，這個既陌生又親切的城市，以往每次來不是親友結伴就是團體旅遊，像今天這樣孤身一人到訪還是第一次。但我並不打算舊地重遊，反而希望像個在地居民一樣，隨意在城市各個角落漫遊。於是，鄰近的臺東大學、鐵花村音樂聚落或不知名的街道上又留下了我悠閒踱步的足跡。

不料就在行經麥當勞時，突然腳下的皮鞋啪噠一聲，低頭一看，這雙跟了我八年的皮鞋終於壞了，鞋底開口笑使得走起路來啪啪作響，只好坐在路旁街椅上，把鞋子脫下來檢視看看是不是還可以修理。望著這雙舊皮鞋，我不禁聯想到梵・谷（Vincent Willem van Gogh, 1853-1890）的一幅油畫〈農鞋〉，也想到德國哲學家海德格

這一片清澈湛藍專屬於東部沿海。

爾對這雙農鞋曾有過的哲思。你或許會好奇，一雙簡單的農鞋能有什麼哲學沉思呢？從油畫作品上看，人們甚至不能確定這雙鞋放在哪裡、它是屬於誰的，它甚至沒有從田地或田野小路上沾帶一絲泥土，就只是一雙單調無奇的農鞋。但是，海德格爾說**如果仔細凝視著它，我們將可以從鞋具磨損的樣態中，慢慢體會到當初穿著這雙農鞋的人是如何凝聚著勞動步履的艱辛**——在這雙破舊的農鞋裡，它回響著大地無聲的召喚啊！

對我而言，這雙跟了我八年的舊皮鞋，它承載了八年來曾走過的路，及曾經歷的生命轉折，它身上所有的刻痕都記錄著八年來的人生記憶。說來也奇怪，我是真心喜愛這雙鞋上那種歷經風霜的滄桑感，實在捨不得丟，於是花了二十五元買接著劑來粘合，將就著穿，希望它能陪我走完這一趟環島的旅程。

離開臺東市區，轉向進入花東縱谷。「橫看成嶺側成峰，遠近高低各不同。」不管是清晨的薄霧籠罩、午後的氤氳山嵐或是入夜的魅影幢幢，對我而言，山總是以各種不同的面貌在召喚著我，

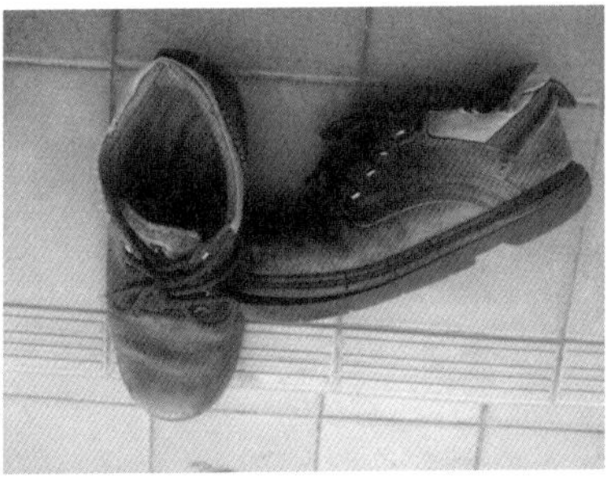

一雙破舊的鞋子其實記錄著穿鞋者無數歲月的刻痕。

永遠是那麼耐看！大詩人李白不是早就說過「相看兩不厭，唯有敬亭山」了嗎？

花東縱谷全長一百七十四公里，而我在下午三點多才開始轉進花東縱谷線，看來今天晚上勢必在中途過夜了，不過這也在我預料的行程中，真正令人擔憂的是籠罩在遠處山頭上的烏雲。果不其然，騎進花東縱谷後不到一小時就開始下起雨，我趕緊將野狼停到路旁一間廢棄工廠內躲雨。眼見這場雨並不大，不需要就此紮營，我決定穿上雨衣繼續前進。

迎著雨，一路上車輛不多，沿路經過初鹿、鹿野、高臺、關山、池上，都是熟悉的地方，勾起無數回憶，想起許多朋友，不知不覺錯過了幾處可能住宿的村落，眼見天色逐漸暗了下來，才驚覺到今晚的住宿尚無著落。下雨天可不能趕騎夜間的山路，得找適合的過夜地點才行。

行不多久，在昏暗的雨中，看到前方不遠處有一所學校，當下不假思索，車頭微轉往校門口騎去，希望向校警先生商量夜宿

相較海線的單一景色，山線景觀更顯得千變萬化。

事宜。奇怪的是，校門口並無警衛，舉目望去，只看到校園內一片荒煙蔓草，所有校舍沒有一點亮光，馬上意識到這是一所廢棄的小學——臺灣近十多年來少子化現象嚴重，加上山區人口外移，不少小學併校或廢校已是常態。

索性把野狼直接騎進教室騎樓，幸運的話應該可以找到一間教室夜宿。不料每間教室都上了鎖，不得其門而入，心道：莫非今晚要在騎樓過夜？還好最後終於找到了一間餐廳門未上鎖，而且它居然尚有電力，當我開亮電燈大放光明時，頓時心中充滿幸福感！想起多年前一個人徒步從花蓮走到臺東，曾在長濱國小過夜，那天夜裡躺在國小操場上看著滿天星斗入眠，至今仍歷歷在目，而今夜大概就只能與雨聲相伴了吧！

睡前在臉書上周告親友今晚的過夜景象，馬上有朋友查出這間富里的富南國小在二〇〇七年時就因全校僅剩十位學生及八位教職員，在連續兩年沒有新生的情況下，被花蓮縣政府下令廢校。

另一位哲學系學生則調侃：「老師，在農曆（七月）這個月分，你真的超猛的ㄟ！」我哈哈大笑回覆他：「我有浩然正氣啊！」說完回頭望著一片漆黑的夜色，想像著從外面俯看這座廢棄小學，身處於唯一一間有亮光的屋舍裡，頗有孤獨的況味啊！

August 8th

富里第一美女

一夜好眠，只隱約聽到窗檽外瀝瀝的雨聲，清晨六點即被東臺灣的第一道曙光喚醒。（昨夜無事，一邊吃八寶粥罐頭與餅乾當晚餐，一邊就著餐廳的燈光寫環島筆記，不到十點就早早入眠了。）睜開眼睛就看到窗外燦爛的陽光灑洩入屋，昨夜晾在椅子上的雨衣和鞋子，經過一夜的風乾，已無任何雨漬的痕跡。雨停了，又是亮麗一天的開始！

收拾行裝，將餐廳內的桌椅歸置原位（昨夜是拼起兩張長條桌當床睡覺），在走廊上的洗手檯盥洗後，順便巡視了一下這間廢棄的小學。昨晚在風雨中抵達時實在太狼狽了，在全身溼答答的情況下，摸黑尋找空教室，實在無心審視，現在趁著天光初亮，在校園內隨意走一圈，才發現這座小學真的不大，就是一排教室建築及側邊的餐廳而已，連操場也是粗具基本要求的兩百公尺跑道，可以想見廢校當時的規模。

再度騎上野狼，往較熱鬧的市集尋找早餐店，昨晚草草一頓晚餐，現在真的有些餓了。離開了富南國小，前行幾百公尺就看到熱鬧的富里小鎮，原來鬧區這麼近，昨夜若我再堅持一下，說不定就能在鎮上找到較舒適的過夜地點了，真是「千金難買早知道」啊！

現在才清晨七點多，市集卻已經人聲鼎沸。找到一家傳統中式早餐店，點了蛋餅、饅頭與豆漿就馬上吃將起來。不多久，來了一個老阿嬤坐在我對面，也點了蛋餅與豆漿，我心想這不就是接觸在地人的好機會嗎？於是就藉著吃早餐的愉快氛圍，與這位八十多歲的廖媽媽慢慢聊開了。看得出來獨居的廖媽媽還滿喜歡有人陪她聊天，她有三個兒子，都各自有家庭，住最近的小兒子也遠在花蓮。只見廖媽媽談興愈來愈高，連她年輕時的事情都一股腦地跟我說，據她自己說，她年輕的時候還是富里第一美女，連國小時的老師都暗戀她呢！（哈哈，那我今天豈不算是豔遇？）

不忍心拂她談興，這頓早餐足足吃了近一小時。結束時她又外帶了一份蘿蔔糕和蛋餅，說是要當作午餐和晚餐吃，當跨上野狼準備繼續旅程時，我竟從她眼神中看到些許的不捨，心中不禁惻然。

有緣認識曾為富里第一美女的廖媽媽，相談甚歡！

環島第六天，心情不再緊繃，也不再依賴連鎖便利超商。**走進在地商店與在地人聊天，才是我此行最大的收穫。**感覺上，我的旅行才正要開始！

一路看山巒疊翠，白雲在天，不知不覺騎到了瑞穗。途中看到一路標，不禁啞然一笑，原來真有一處地名叫「中平」。略作休息後，我與野狼又直奔豐田了。

信步在豐田漫遊，一抬頭看到「豐田車站」路標，突然憶起大學時期的一位老師，當年他從淡江大學異動教職到東華大學時，曾寫了一本散文集《豐田筆記》，內容訴說他每週通勤到東華大學時，都是在豐田車站下車，再由此轉車進學校，每週的舟車往返激發了他許多的靈感，一點一滴終於集成一本散文集。現在想來也都是二十多年前的事了，不知道王文進老師是否仍在東華任教，「少年弟子江湖老」，突然間許多大學時期的場景，一幕幕湧上心頭，那曾經無憂無慮的慘綠少年，如今也已兩鬢微霜，步入了當年老師的年歲了，怎不令人感慨人世滄桑啊？

（左）巧遇「中平」，趕緊停車拍照下來傳給好友中平老師。（右）花蓮富里的東里車站座落在青山綠田之間，別具吸引力。

念及昨天的午後雷陣雨，讓我不免有些擔憂，今天的車行速度不覺加快了些，想趕到佛光山在花蓮的月光寺掛單。不過，雖然順利在傍晚抵達了月光寺，卻因我並未事先預約且寺中已有其他香客，遂不便讓我掛單。唉，果然與佛無緣啊！所幸即使沒有緣分在月光寺掛單，後來仍經由覺明師父熱心聯繫，順利拜謁了住持妙勳法師，接受滿滿的招待與祝福。

無可奈何，只好臨時尋找民宿，期望今晚可以好好洗澡和睡個好覺了。今晚入住的民宿，雖隱身在一處較不起眼的巷道內，但可別小瞧了這家民宿，入住之後才發現它有著五星級的設備，應有盡有：寬敞大客廳裡有舒服的沙發和3D一百二十吋超大電視螢幕，餐廳有吧檯和免費咖啡，陽臺也有自助洗衣設備。最重要的是，由於入宿的遊客不多，老闆竟然騰出了一間六人房讓我一個人住（當然只收一個人的費用而已）！

後來知道偌大的民宿只有我與另一家子四口人住，本想找機會和這家人聊聊天，可是當真的在客廳相遇時，才發現劇院級的享

來到月光寺，卻無緣入住。

受反而讓大家的注意力都在電影畫面上了，斷斷續續的對話實在激不起什麼火花。果然，**現代文明的高品質享受，反而削減了人與人之間的溫暖互動**，這是我在五星級民宿唯一的遺憾吧！

藍天白雲青山綠樹，花東縱谷就是如此美不勝收。

August 9th

勇闖蘇花公路

五星級的民宿果然不一樣，這一覺睡得舒暢無比，八點左右起床，整個人神清氣爽。盥洗完畢，先去看看昨晚晾在陽臺的衣服乾了沒，東臺灣的太陽一早就發威，連最厚重的牛仔褲都已晒得暖烘烘。

十一點才退房，心想不如趁這個空檔讓野狼進廠保養一下。我將摩托車騎至機車行，本想換機油即可，畢竟環島至今已經騎了近九百公里了（真快），順便檢查油箱表（它已經害我兩次抛油錨了），經老闆一番檢查，發現後輪煞車早已磨平，不換新的不行，讓我想起前天的摔車事件，當時腳煞車的確沒起什麼作用，幾乎全靠前輪的手煞車，這個疏失差點讓我出了大狀況，所幸只是小傷。

這間五星級民宿讓我在環島旅程中睡上了最舒服的一覺。

今天預計騎上蘇花公路，這段將近一百公里的路程，向來以奇絕的風景與險峻的路況著稱，除了曲折山路與狹窄隧道外，行經的大卡車非常多，許多離奇的車禍都是在此發生，還好機車行老闆細心更換煞車來令片，否則今天單靠手煞車一定過不了關。

退房後悠哉在花蓮市逛逛，發現花蓮慈濟靜思堂就在左近，順便騎過去看看，豈知一看不禁驚嘆它的宏偉壯觀，與我心裡想像的不太一樣。

過去在許多書籍或報導中，常描述有關慈濟創辦人證嚴法師的生命關懷，在想像中總以為她的靜思堂應該是一座不起眼的法堂，純樸地呈現主人樸質無華的堅忍性格。今日一看，雖然不是傳統寺廟那種雕樑畫柱的華麗景象，但也另有一番壯闊的氣勢，只是與自己原本的設想有所不同，看來是我要調整自己看待宗教與建築的心態了。

在花蓮市區隨便吃了點東西充當中餐，隨即上路往蘇花公路前進。為什麼選擇在中午進入蘇花？我的假想是：中午時段司機大

花蓮慈濟靜思堂雖然不見傳統寺廟那種華麗的雕樑畫柱，卻另有一番壯闊的氣勢。

哥們都在享用午餐或午休，此時進入蘇花公路，路上行車較少。

一路騎著野狼，有時看著車輪下幾十公尺就是太平洋，有時緊跟大貨車後吸廢氣也不敢超車，有時在黑暗的山洞就著昏暗車燈緩緩而行，有時在陡升陡降的曲折坡道上蜿蜒而行，許多奇絕難見的景色，礙於地形與車流的限制，都無法停下車來細細欣賞，只能在路況稍好的情形下，短暫停下車子拍了幾張照片權作留念，雖然我沒有藝術家的生花妙筆，許多美好的景色也拍不出它真正的美，但我至少已經將它們留在我心裡當作一輩子的回憶了！

蘇花走了一半，來到南澳，吃了一碗當地特色餐點「烏醋麵」，味道有點像家鄉臺南的「魯麵」（在小時候的記憶中，「打魯麵」只有在婚喪喜慶的時候才吃得到，現在早已是臺南的特色小吃之一了），使我不由得興起思鄉之幽情。

奔馳在一百多公里的蘇花公路，雖然沒有險象環生，但的確不好走，幸好早上維修了摩托車，真的發揮極大的功用——尤其是煞車（原本只是要換機油而已），否則不堪設想！**冥冥中有上天保佑吧！**

最後的幾十公里都是山路，騎在曲折升降的山道上，到達一處高點觀景臺，俯看就是南方澳漁港。從花蓮到蘇澳的蘇花公路，當看到南方澳漁港時，就表示這段公路已近尾聲了。所以，當我看到漁港時，內心也似有所感，**有著歷險歸來的喜悅，但也產生完成目標後的失落感。**

記得曾有一位藝術家說過：「偉大的風景是為平庸的畫家準備的；唯有真正的畫家，才能讓平凡的風景變得偉大！」

許多朋友在臉書上恭喜我平安順利通過蘇花公路，但一知道我以前曾開車來過，紛紛開玩笑說下次要騎單車環島，更有一位朋友說：「照此邏輯發展，那最後就是徒步環島了！」我哈哈大笑之餘，連忙撇清說：「想想就好！」——這時的我的確沒想到，隔年自己真的就挑戰徒步環島了。

離開蘇澳，趁著雨勢稍歇，準備趕往宜蘭，不過在羅東仍被一陣大雨困在騎樓下一個多小時。**既困之則安之**，索性把摩托車丟在騎樓，撐著傘去逛有名的羅東夜市。莫看還飄著小雨，適逢週六，羅東夜市仍舊是人山人海啊！此時看似悠哉的我，心裡其實還在盤算今晚的住宿問題。

或許因為今天是週末，不管羅東或宜蘭，聯繫了好幾家民宿都客滿，只好google附近的國小，馬上就找到宜蘭國小。初入宜蘭國小，見到司令臺上有二位少年飲酒談笑，在搭帳篷的過程中，偶而也聽到他們片斷的談話內容，似乎是兩個很久不見的好朋友在談著近況，這與我先入為主的想像不太一樣。

在和平看見一座座巨大的廠房，這是臺灣水泥的和平廠，抬頭看向那些半壁土石都被掏空的山頭，心想可惜了這片美好的景色，就在各類經濟產業的發展下，這些「國土」正逐漸流失當中。

來到蘇澳，當然不能不去體驗一下它的冷泉。不料第一次泡蘇澳冷泉，卻遇到了一場午後大雷雨，在十幾度的低溫冷泉中，看著露天屋頂上的雨景，別有一番詩意。而全身泡在蘇澳特有的碳酸冷泉中，那股沁人心脾的冷冽，果然使人暑氣全消。由於冷泉中的碳酸成分，會慢慢釋出二氧化碳氣體，看著這些小氣泡逐漸布滿全身，是另一種泡蘇澳冷泉的樂趣。不過隨著天色漸暗，加上屋外大雨不斷，浸泡在冷泉裡的我，不僅已沒有了中午趕路時的酷熱，甚至開始感受到刺膚的寒意，只好趕緊爬出冷泉。

在這八月的酷暑，卻有微涼的寒意，不得不說這是一次非常特殊的冷泉體驗。

原本以為是附近的兩個少年人，躲開了家人的管制，來到無人看管的國小裡飲酒作樂，我還一度有些擔心自己的出現會造成他們的不悅而找我的碴，畢竟近年來青少年鬧事的新聞實在不少。很快地我就發現我錯了，於是在搭好帳篷後，我主動走上前去與他們攀談，才知道一位是鄰近燒臘店的二廚師父，另一位則是蘭陽技術學院的學生，兩人是國中同學，有一段時間未碰面了，今天剛好是週末又是暑假，他們才約好出來敘舊。

加入聊天的行列後，知道了他們境遇的不同，更溯及到國中時期的教育體制，只聽他們兩人對國中老師同聲咒罵，即可見一斑。有趣的是，二廚師父在國中時成績較好，另一個的國中成績則不理想，但成績好的卻放棄升學，而成績不佳的反而被家長要求升學。畢業後走的人生道路雖然不同，但對教育的不滿卻是一樣的。從他們兩位身上，我又看到**臺灣的教育體制把每個孩子都帶到了不快樂的處境，而不是讓他們適性找到自己的定位與成就感。**

送別了這兩位宜蘭子弟，正準備進帳篷內入睡，友人打電話來確認我是否已在宜蘭國小借宿，說要過來拜訪我。

這位友人是沈鉅學，家住宜蘭，哲學系畢業，曾修過我的課，畢業論文也是由我掛名指導。雖說是學生，但他入學前曾在社會上工作過不短的時間，其豐富的社會歷練讓他在哲學思想上遠超乎一般同學之上，又不會顯得老練世俗。所以，鉅學與我雖名為師生，實則為相互切磋的良友，許多富有哲理與佛法的思想，常常都是我們談話的主題。但今晚，今晚的話題似乎圍繞著流浪啊！

鉅學帶來兩杯咖啡、幾片燒餅，兩個人就坐在剛才那兩位宜蘭少年飲酒的司令臺上天南地北聊了起來，直至深夜兩、三點才目送他騎上他的野狼摩托車回家——對了，早在我環島前一個月，鉅學已經騎著他的野狼環島一圈了，所以我們戲稱自己是「野狼俱樂部」——已經很久沒有像這樣與朋友秉燭夜談了，因此送走了友人回到帳篷裡，激動的心情久久不能平靜。

沒看到宜蘭國小校警，所以我又畫地自用了。

August 10th

光陰催人老

昨夜鉅學來訪，平添客途中的一絲變化，也為這趟摩托車環臺的旅程帶來不一樣的感受。常有朋友問我：為什麼一個人環島？結伴不是比較有趣也比較安全嗎？我則多以**「想享受一個人的孤獨」**回應，但其實還涉及了一點怕麻煩的心態。

早我一個多月，鉅學就與另一位同學結伴騎摩托車環島了，去年我也曾鼓勵一群學生騎單車環島，但我都從他們身上看到一個有趣的現象：長途旅行中，夥伴常常會因為某些生活上的小事起爭執，小則影響旅途心情，大則不歡而散。漫漫長途結伴而行，本就有相互扶持之意味，但相處久了，許多個性上的磨合也隨之而生，這樣的人際互動情形真的像極了家人或親密伴侶的相處模式。

一個人旅行雖然省卻了這層麻煩，但畢竟是一個人，路上若有什麼突發狀況一個人應付不來時，怎麼辦？在生命的過程，似乎不該鼓勵離群索居，而是要培養面對世人的智慧，不過摩托車環島似乎不必作此過多的聯想。再說，出發時答應了朋友要每天在臉書上分享行程與沿途美景，如此一來，旅途中的諸多障礙與挑戰，突然間多了無數的朋友在網路上即時給予回應與協助，無形中解決了上述一個人旅行的難題。當然，回到真實的生命歷程來看，若有人想完全依靠網路上的互動過日子，似乎又顯得太孤僻了。

昨夜入睡前思緒紛雜，早上六點多卻被晨間長青會的一群老人家吵醒，雖然精神有些不濟，但還是趕緊起來收拾行裝，以免因我占著國小的玄關而造成他們早晨運動的不便。

離開了宜蘭國小，發現宜蘭火車站就在附近，一旁就是著名景點「幾米主題公園」。於是一邊吃著早餐，一邊漫步在清晨的幾米公園裡，從火車站的彩繪到日式木造建築的保存，處處可以看到宜蘭縣在觀光產業的理念與經營上的努力。

從宜蘭出發，經過礁溪與蘭陽藝術中心，在烏石港停車暫歇，遇到一位老婦人，從她身穿橘黃相間的背心看來，應是此地的清潔人員，她見到我摩托車上捆著大包小包的行李，笑問我說：「少年ㄟ，你是要去哪裡啊？」我回答說是騎摩托車環島，她還是

離開宜蘭國小前，突然在校舍一角發現它的前身竟然是宜蘭縣女子國民小學，原來現在的宜蘭國小是由中山小學和女子小學合併，想起小時候男女分校的學習成長經歷，不覺莞爾一笑。

笑著說：「啊你不會熱哦？這種天氣騎摩托車，要小心注意，不要中暑了。」就在兩人聊天中，一群賞鯨的遊客剛靠岸，高聲喧嘩，嘻笑走過我們旁邊，大概也沒有任何觀光客會留意到這兩個人——一個是身著背心的清潔老婦，一個是落拓邋遢的摩托車騎士。

這樣的場景，喚起我自進入東臺灣以來，心裡隱隱約約揮之不去的疙瘩。這疙瘩是什麼呢？回想二十多年前，我曾從花蓮秀姑巒溪的長虹橋出發徒步走到臺東，當時東臺灣雖然地處偏僻，觀光客也沒有現在多，但一路走來接受到許多在地居民的幫助與熱心鼓勵，而如今這趟摩托車環島旅程，沿途除了發現物價與都市齊漲外，眾多的觀光客則盤據在各個景點的便利商店，而當地的居民除了招攬生意也不再那麼熱情與人招呼，遊客多了，商店多了，也現代化多了，但人情味卻淡了。

這個疙瘩在這幾天一直在我心裡忽隱忽現，說不上到底哪裡不對勁，直到今天遇到這位老婦人，我才真正意識到這個疙瘩的存在。從她那自在的談話與有點笑我傻的笑容裡，我彷彿又看到了臺

這一站是終點？還是另一個起點？

灣傳統的那分溫暖與憨厚。臨走，她還一直提醒我服務中心有飲水機，要我一定要去把水壺裝滿水再走。謝謝您，這位不知名的阿嬤！

騎過了東北角岩石奇景的海岸線，沿途經過三貂角燈塔、福隆火車站（昨晚吃池上便當，今天中午吃福隆便當），心裡浮現出二十多年前研究所時期的我，也是一輛野狼，也是一樣的海岸線——陰陽海、金瓜石、臺灣金屬礦業廢廠……，點點滴滴，就好像是昨天才發生的事一般，只是景物依舊，而人事已非。

自進入東北角海岸後，似乎就踏上了時光走廊，也像跌入記憶的長河中浮浮沉沉，直到驀然看見國立海洋大學的校門，才驚覺基隆到了！基隆，我曾經在此寄居七年的城市，從碩士班後期到博士班畢業，整整七個年頭，尤其博士班最後一年，我幾乎是過著獨居的隱士生活。若說我的人生分成三個主要階段（臺南的成長歷程、北部的求學階段、以及再回到南部的教學生涯），那麼在北部求學的第二階段，其主要的場景除了淡水就是基隆了。

一陣感慨引來朋友笑稱我心境已老，不然怎麼一進入東北角到基隆後就一直感懷年輕的時光，想想也是，這些回憶都已經是二十多年前的事了，歲月的痕跡早已默默刻印在我的臉上與心裡，唉，催人老啊！

August 11th

貪婪與孤寂

曾經以為會是後半輩子要定居的城市，如今卻只是環島行程中的中途站，來到基隆，實在有太多太多年輕時的回憶，隨意地騎著摩托車到處逛逛，許多印象也逐漸漸浮現出來。

第一次的教書經驗就在培德高職。由於基隆多雨，那時的我經常穿著雨衣及雨鞋，騎著野狼一二五爬上學校前的陡坡，有時我也穿著那件磨損得很厲害的牛仔褲走在校園裡或與學生打籃球，幾次都被其他老師好心提醒要注意服裝儀容。這份教職直到我考上博士班後就辭掉了，但第一次為人師表的種種卻深刻在心裡。

大武崙的情人湖向來以幽靜著稱，湖水被四面山丘環繞，環湖步道可爬山到高點遠眺外海，不知有多少個清晨與黃昏，我獨自

大武崙的情人湖是我非常喜愛的基隆近郊景點。

一個人在此散步與沉思。有時駐足在觀景平臺，有時走上吊橋，靜靜凝望著平靜無波的湖面，青山與藍天在綠色湖面的映照下，形成兩個上下顛倒的大千世界。可惜今天氣候不佳，灰色的天空與微暗的烏雲，讓整個情人湖顯得冷清而灰濛。

太多的回憶就在短暫的停歇後，將再一次拋諸腦後，今天準備取道北海岸，從基隆經金山往淡水方向前進。

基隆到淡水的這條海岸線，我已經走過了無數回，尤其是碩士班後期每週末都會騎上野狼一二五，來回培德高職與淡江物理研究所之間。還記得有一次騎摩托車經過石門外環道路時，因來回奔波實在太累了，一個閃神打盹後驚出一身冷汗，趕緊在路邊的防波堤上稍作休息——夏日的豔陽、徐拂的海風以及耳邊陣陣的拍浪聲，伴著一個極度疲睏的身軀入眠。

後來不再騎摩托車來回（那次的經驗真的嚇到了我，後來便改以國光號公車為交通工具），如今再度騎野狼行駛在這條公路上，倍感親切。

一週之內，從墾丁核三廠到萬里核二廠、石門核一廠，我竟然把臺灣現行的核能發電廠都走遍了，真不知道我到底是相信核能的安全而無所顧忌，或是不知道核能的危險而冒險挺進？

不久，我來到石門核能發電廠。看著發電廠展示區隨處可見的「節約用電」口號標語，心裡不禁想：臺灣到底還要蓋幾座核能電廠？或許答案不在電廠的設備是否安全，也不在政治人物的口水戰中，甚至不在對核能的意識型態裡，而是人類到底什麼時候才懂得滿足！

人類想要更多的物質享受、更刺激的玩樂時光、更方便的交通工具、更美味的口腹之欲……，林林總總的欲望，都需要開採更多的礦產、砍伐更多的森林、宰殺更多的動物、製造更多的器械、消耗更多的能源，**一座接著一座的核能發電廠矗立，它所反映的不過就是人類貪婪的本性罷了！**

停駐在老梅的富貴角燈塔旁，遠眺臺灣最北端的海岸，看著波浪拍岸，偏西的太陽映照著半天微紅的天空，腦裡突然浮現電影《阿甘正傳》（*Forrest Gump*）中阿甘跑步時以夕陽為背景的畫面。這位略帶傻氣的電影主人翁，不知名利為何物，只是為了跑步而跑步，一路從美國的東部跑到西部，再從西部跑到東部，其中有一幕

在天海之交聳立的燈塔，有一種孤寂的美感。

他跑在大峽谷時，夕陽嫣紅奼紫地映射整個天空，對照著他孤獨跑步的身影，那份眩目而孤寂的美感，一直深烙在我心裡。

回想這十天的摩托車行程，從臺灣最南端的鵝鑾鼻燈塔、最東端的三貂角燈塔、到現在的富貴角燈塔，已經繞行了近四分之三的臺灣，一路上傻傻地騎著車，就是希望能像阿甘一樣，在不抱成見的放空中，慢慢累積一些美麗的畫面。

相較於另一部印度電影《三個傻瓜》（*3 Idiots*）雖批判了教育的僵化，提出「追求卓越，成就自然就會隨至」的觀點，卻仍不脫對成功定義的展現（不論是社會成就或自我成就的展現），我更喜愛阿甘這種完全不帶絲毫價值觀的傻味，只是純粹認真地活在每一個時刻而已！

摩托車一進入淡水，心情上馬上起了頗微妙的變化。我在淡水小鎮曾經生活了六年，從不滿二十到二十六歲、從大學到研究所，人生中的黃金歲月都在這裡度過。但是眼前的景物多半不相識，淡海新市鎮對我而言，已是大學畢業多年後的都市開發案了。

其實何只是新市鎮而已，猶記得大四那一年淡水火車正式進入歷史，緊接而來的就是淡水捷運工程所衍生的交通黑暗期，後來研究所及服兵役時期，我都得依靠指南客運的公車往返市區。這些陳年舊事，恐怕也只剩下一些在地的老淡水人才記得吧！

因為拙作《府城街角的哲學香》、《咖啡中的哲學沉思》的出版事宜，及準備拜訪一位令我非常敬重的師長，預計要在淡水停留兩天。若仍借宿國小而蓬首垢面地去拜訪出版社及師長顯得失禮，於是就近在淡水捷運站旁找到一家民宿入住。後來有兩位之前教過的哲學系學生先後都來電與我連絡，邀請我到他家裡過夜，讓我感受到作為一位老師的溫暖與虛榮，不過我還是婉拒了他們的好意，一連借住兩晚，實在太不好意思了。

晚上在淡水老街上隨便吃了些小吃充飢後早早就寢，明天辦完正事後再好好舊地重遊吧！

August 12th

憶昔青衿求學日

在淡水求學六年，不曾於如此接近河岸的地方聽著河浪拍岸的水聲而入睡。經過一夜好眠，清晨在窗外映入的波光粼粼中起床，下午雖然要趕到臺北與出版社討論拙作的出版事宜，但在如此美好的夏日清晨醒來，實在忍不住想出去走走。話不多說，就來一趟緬懷舊時光的淡水行腳吧！

先從民宿走到真理街的阿給老店，吃一碗久違的阿給和魚丸湯。其實年輕求學時甚少來這裡吃阿給早餐，當時它只在早上營業，而那時我總是匆匆趕著到教室上課，通常隨便塞個包子、饅頭就充當早餐了，假日也都睡到日上三竿，早午餐一起解決，哪裡會有這樣的閒情雅致巴巴地走來真理街吃傳統的阿給？

離開真理街，繼續騎摩托車往我的母校前進——淡江大學，我曾在此度過大學及研究所的時光。

淡江大學向來以花園式校園與無圍牆管理而著稱，猶記得新生入學的第一天，走到校門口時還在真理街這條古老的街道上，隱藏著不少荷蘭時期的特殊建築：「小白宮」的前清淡水關稅務司官邸，建築與綠地都維護得相當好，很適合新人來此拍婚紗，念頭才這麼一想，馬上就看到一組準新人。在淡水國中隔壁就是淡江中學，這兩間學校一是公立一是私立，但我總是搞不清楚，私立的教會學校一般不開放參觀，但今天好像是新生入學日，我就混在家長人群中進入校園，果然有些特殊建築很值得一看（這

是我第一次進來參觀）。道路盡頭則是真理大學，二十多年前我在淡水求學時，它還叫淡水專科學校，校園中最有名的古蹟就是馬偕博士建於一八八二年的牛津學堂，至於現有的大禮拜堂則是後來才蓋的，雖然不是古蹟但也氣勢雄偉，前兩年到此開會時，還曾入內參觀那座全國第二大的管風琴。再往下走，經過S型的陡坡來到大馬路上，路旁就是紅毛城了。小小的一條真理街，從國小、國中、高中到大學一應俱全，據說淡水國中和淡江中學都還附設了幼稚園，真的是名符其實的上學一條街。想像每天上下學時段，從幼稚園兒童到大學生，都同時在這條街道上趕著上學的畫面，還真的非常有趣。

以為是誤闖了私人園林，問了警衛才知道淡江大學到了。如今走在校園裡，處處都是年輕時回憶：從宮燈道走上學生活動中心，再到松濤館女生宿舍，這是當年多少男女學生必經之路；轉回自強館宿舍，眼前看到的就是工學館，我曾在這裡面的教室、實驗室、製圖室中度過多少晨昏；再往前走是書卷廣場，可是我當年入學時它還是一棟回字形教學大樓，這恐怕要問一些老淡江人才知道；最後來到科學館，這裡當年是總圖書館，三樓以上才是物理系與數學系的所在，而我就在此度過我的研究所碩士生涯。

沿路走來，發現不少新建築物，由於無人導覽，我也無從得知它們的正確名稱與用途。離開二十餘年，看著這片既熟悉又陌生的校園，時光流逝，豈能無慨！

下午搭捷運來到臺北西門町，從捷運西門站六號出口出來，一眼就看到極富盛名的西門紅樓。這棟百年前的建築，自一九〇八年以來就牽動著無數臺北人的生活，從最早日人移住專區（西門町）的八角堂開始，就是萬華、大稻埕、城內三個地域的共同娛樂

就讀機械工程學系那四年，在工學館留下無數回憶。

商區；及至國民政府來臺，西門紅樓又撐起京劇的演藝盛世，撫慰眾多大陸來臺的外省族群；隨著新舊文化交替的電影世代，紅樓又成為二輪西片、古裝國片的戲院，是當時年輕學子們的共同記憶；如今在邁入二十一世紀的現代，它身負三級古蹟的歷史面貌，在日、中、西三方文化薈萃處，扮演宜古宜今的當代劇場重鎮。

今天站在它的前庭廣場上，遙想當初臺北大稻埕許多藝文活動都在此地上演，追懷紅樓的夙昔丰華，頗有些濃烈的復古懷舊之思。

晚上再回到淡水，拜訪李正治老師——是我大學時期的老師，卻又在南華大學相遇成為同事，他退休後住回淡水。此番來到淡水，不僅是舊地重遊，更要拜訪這位讓我十分敬重的師長。

大學時期曾修過李老師的課，後來在老師的著作《至情只可酬知己》書中，更看到老師的生命裡住著李白般詩人的靈魂。讀老師的古典詩、看老師的文學評論文章、再到晚近聽老師批判社會時政，無一不是暢快淋漓。猶記得研究所時期曾邀請老師到租屋處把酒言歡，誰想到十多年後竟有幸能與老師同在南華大學任教，再續

淡水夕照。

十年的同事情誼。

晚上的淡水河邊，映照著觀音山下的點點燈火，在河邊的熱炒店與李老師再次飲酒暢談，從早期在淡江大學共同認識的人物聊起，談到南華大學創校初期的理想，再轉折到現今高等教育的崩壞，兩個人共同發出一聲喟嘆——**這就是我們奉獻一生心力的學術與教育嗎？**拿起手中的酒杯，再盡一杯早已冰涼退盡而帶點苦澀的啤酒，不禁想高吟李白〈將進酒〉：「君不見黃河之水天上來，奔流到海不復還；君不見高堂明鏡悲白髮，朝如青絲暮成雪，……五花馬，千金裘，呼兒將出換美酒，與爾同銷萬古愁。」

August 13th

樂生何處尋

早上與以前教過的學生一同早餐，聽著他娓娓道來一路求學的心路歷程，看著他規劃未來時臉上散發的神采，讓身為老師的我也感染了他堅定的意志。

教學多年，每當聽聞有哪一位學生活出自己生命的光彩時，心裡的喜悅總是莫可言喻，衷心祝福眼前這個大男孩人生視野更加開闊，在溫厚而積極的態度中穩定前進，期待來日再見面時，能分享他成功的喜悅！

從淡水出發一路騎著野狼朝新莊方向前進，準備往迴龍的樂生療養院，途中經過明志科技大學時，才忽然想起博士班時期也曾在這裡兼課任教了五年，可說是最早開啟我教職工作的原生學校。經過明志不久就看到了輔仁大學，當時因為一位高中死黨就讀於輔大心理系，於是我大學時期常來造訪這一所學校。就這麼一邊騎車一邊回憶，未到中午就抵達新莊迴龍，我打開Google地圖找尋樂生療養院，心想應該就在附近，但奇怪的是我在同一條路上來來回回，就是找不到它。最後只好停下車來，向路邊的檳榔攤詢問，發現原來是進去樂生的小路被捷運工程的一大片鐵皮圍牆擋住了，這才終於得其門而入。

不過，我的高興也只有一下子，當沿著鐵皮圍牆騎車進入小路後，在道路的盡頭卻發現所謂的「樂生療養院」現在只剩下路旁幾戶低矮的房子，但隔著巨大的捷運工程，**對面那片早已荒蕪的屋舍，才是我心裡一直懸念不已的「樂生」啊！**遙望樂生的舊址，內心突然感受到了當時樂生遷徙的無奈與感傷。

為什麼特地造訪樂生療養院？讀過傅柯（Michel Foucault, 1926-1984）《瘋癲與文明》（*Madness and Civilization: A History of Insanity in the Age of Reason*）的人應該都對痲瘋病不陌生。西方醫病史上曾以痲瘋病作為一種隔離原因，即使痲瘋病逐漸消失，這種存留於西方社會中的隔離方式，仍使窮人、罪犯、精神錯亂者背負起中世紀時痲瘋病人的角色，導致他們成為既受嘲弄但又使人害怕的社會邊緣族群。

樂生為臺灣第一座痲瘋病院，在日治時期建院，是防治慢性傳染病與痲瘋病（當時稱之「癩病」）的專門機構。其實所謂的防

眼前橫亙這條巨大的捷運工程線，完全找不到任何可到對岸樂生的方法。

治，主要仍是在「防」而非「治」，所以它採行的是「強制收容，絕對隔離」。當時只要發現疑似患者，通常就會強制病患入住樂生，然後一輩子與世隔離，直至老死其中。光復之後，雖然民智漸開，醫療方式也有明顯進步，不再強制隔離，但一般人聽到痲瘋病，仍不免心生畏懼，所以樂生院民也就只好「以院為家，大德曰生」（一九四七年吳文龍院長所立碑文），繼續過著半隔離的封閉生活狀態。

樂生就這樣與一般社會大眾相安無事直至一九九四年。這一年臺北市政府捷運工程局選定樂生療養院為新莊機廠預定地，引發了各界對樂生的重新注目——在考量樂生院民的生活、樂生歷史的價值與現代化捷運工程之間，樂生的拆與不拆成為當代公共議題的新焦點，並且爭議延續至今。

坐在路旁的樹下，面對眼前荒廢空盪的老房舍，心想著百年來多少痲瘋病患在此忍辱生活，在此孤獨老去，然後又如何地在此落地生根，悲涼之感不可抑遏！

樂生療養院新院區。

離開迴龍後，驅車前往鶯歌，拜訪為我新書繪製插畫的建富。說起建富這位插畫家，其實是我在哲學系教過的學生，在學期間雖知道他喜愛繪畫，課餘也曾看他在各類紙本上塗鴉，卻沒想過畢業多年後的今天竟然有緣合作。

中午餐聚，兩人相談甚歡，席間得知建富目前從事媒體藝術創造方面的工作，原先所受的**哲學訓練，常常是其創作時的靈感來源**。從餐廳離開後，兩人足跡踏遍整個鶯歌小鎮，在一邊散步一邊談話的過程，他為我介紹了鶯歌窯燒的特色與美學價值。我不禁想著每年哲學系新生座談，系上老師總是要為「哲學未來的出路」、「哲學有什麼用處」或「哲學能做什麼」之類的問題疲於解釋，真希望哲學系的老師與同學們今天也能在場，聽著建富侃侃而談他的創作理念與藝術根源，或許我們就不必再那麼大費唇舌地解釋哲學能做什麼了。

告別建富離開鶯歌，騎上野狼繼續往南。在夕陽的餘暉中，我看著我與野狼斜映在路面上的身影，散發著收穫滿滿的喜悅。

終於天色完全黑暗，當我準備解決今晚的住宿問題時，料想不到的是，西半部的北臺灣竟然是如此借宿不易——先是到宋屋國小求宿被拒，再到附近幾間國小，都只見大門深鎖。

就在一愁莫展之際，前輪傳來異聲，我趕緊到機車行檢查，原來是前輪煞車也該維修了。意外的是機車行老闆竟是身經百戰的環島專家，在等待換修煞車的過程中與其閒聊，他給了我許多聞所未聞的環島經驗談，才知道路線安排的種類就分外環、三橫、8字等，且不同的路線裝備也不一樣。這樣談了一個多小時，煞車雖早就修好，但實在捨不得就此離去，忍不住繼續請教老闆更多摩托車環島必須注意的事項，在受益匪淺之餘也感覺到自己準備不足的膽大妄為。

最後談到今晚的住宿問題，老闆建議我可以到宋屋警局（當然不是舒適地住在警員休息室，而是借警局門口的空地搭帳篷）或近處的停車場借宿一晚。但稍一探勘就發現警局緊臨馬路，在門口搭帳篷過夜有些危險，只好改到附近的停車場了。待一切安置妥當，在臉書上告知朋友今晚的落腳處，馬上引來許多驚呼，有人隨即熱情邀請我到他們家坐坐或過夜。想想這一路上真的感受到太多太多的友誼與善意，但我也總是滿懷感謝地婉拒這樣的盛情，而當他們知道我環島的初衷後，都能體諒地放下熱情，讓我一個人靠自己的意志慢慢前進。**感謝朋友們對我孤意獨行的成全，我知道那是更大的善意與關懷！**

一天的疲憊和一晚的奔波，實在累了，感謝有此安駐落腳之處，睡吧！

August 14th

公義路上的張藥房

早上果然在太陽的熱情照耀下醒來。收拾好行李，到機車行前的洗手檯稍作梳洗（雖然機車行尚未開門，但昨晚車行老闆已大方允諾借水給我），準備出發朝苗栗前進。

途經新竹市，想起周平老師家就在左近，前些日子他卸下國際長行政職務後一直身體違和，不知痊癒否？試著打電話與他聯繫卻一直未接通，心裡還是有些擔心（幸好晚上周平老師來電說他在學校上課，故而未接到我的電話）。話說與周平老師相識也已十多年了，兩人在南華大學危急之際一起擔起了行政職務，共同為改善當前的高教亂象而努力，在我有限的行政生涯中，周平老師確是我所僅見少數不受官僚習氣熏染的主管。這需要極高的涵養修為與克

幸好昨晚選對了方位，在靠東邊的貨櫃旁紮營，真的幫我擋住了更早的晨光。

己自持的功夫，當然最重要的還是在理念哲學的層次高度上通透清明。在此默默祝福他早日康復，再為臺灣的高等教育發聲建言。

來到苗栗的主要目的就是為了造訪大埔事件的地點——張藥房，但是一進入苗栗地區，偏離了臺一線省道後繞了一大圈，一直找不到大埔，直到動用了Google才發現大埔根本不是鄉鎮名，而只是苗栗縣竹南鎮的里名，難怪沿途一直找不到指標。

幾經波折終於來到大埔事件的現場，我將野狼停在路旁，信步走到附近的幾處店家，想知道他們對當時的印象與想法，但不知是我談話的方式不對還是他們已經被太多媒體問得煩了，當地人對我這個話題幾乎沒有太多的反應，似乎有意無意地迴避這個話題。

或許大埔事件早已成為當地人內心深層的瘡疤，又或許人們總是善於遺忘，於是我在這個大埔事件的大埔里上，竟然再也找不到大埔事件的蹤跡。或許，要等到下一次不公義的事件再次發生甚至降臨自身時，我們才會想起當初大埔這個地方，想起它曾經遭受的不公義對待吧！

今日大埔事件的現場除了拆除後僅剩的一面牆以及牆上的諷刺漫畫外，幾乎已看不出任何當年抗爭的痕跡。

坐在便利超商，透過落地窗看向對面路旁的塗鴉牆，心裡想著大埔事件的始末：原先是因為新竹科學園區用地飽和，而規劃在竹南進行擴建計畫，從二〇〇一年開始規劃及徵收擴建用地，到二〇一〇年苗栗縣政府徵得九十八%的地主同意後開始動工整地。可是當時仍有部分農戶並未同意，卻被強制徵收與整地，當這些即將收成的稻田被挖土機整片剷平時，農戶的不滿與不平累積至最高點，終於爆發了抗爭與衝突。消息一傳開，馬上引發了一些公民團體的聲援，變成是全國性的抗爭事件，驚動了當時的行政院長吳敦義到場協調並取得「劃定專區配農地」（此乃「劃地還農」，非「原地原屋」）的共識，使得事件似有和平落幕的轉機。

可惜的是從行政院到苗栗縣政府都低估了農民對自家農地那分血濃於水的感情，當七十三歲的朱馮敏阿嬤因痛失祖先農地而喝農藥自殺身亡時，全國民眾才知道關鍵不在賠償金與農地交換，而是歷代農民對這片土地的家族淵源與深厚情感。其後大埔自救會二十四戶人家即與內政部及苗栗縣政府展開長期的訴訟與抗爭，及至二〇一三年苗栗縣長劉政鴻趁自救會北上總統府陳情時，以都市計畫變更道路用地為由，強制拆遷四戶（張藥房、朱樹、柯成福與黃福記，兩個月後張藥房老闆張森文陳屍附近排水溝中）而引發全國譁然。雖然二〇一四年臺中高等行政法院更一審終於判決張藥房、朱樹、黃福記及柯成福四拆遷戶勝訴（自救會的其餘各戶仍被駁回），但在漫長的抗爭自救中，已有太多的犧牲與悲苦。

重新跨上野狼準備離開時，這才發現諷刺的是，**張藥房就在公義路上。**

停在大埔的時間太久，離開時已快五點了，騎經一處山區路段時，不經意瞥到著名的「薰衣草森林」指標，心想今天不去看，以後不知道是否還有機會再來，所以把手一轉就轉了進來。果然一片湖光山色，在吊橋的襯托下，更增靜謐之感，可惜天色漸暗，無法多作逗留，趁著天色猶有餘光，騎上野狼再度啟程。

偌大的山區中，黑夜終於降臨，在摩托車頭燈的照亮下，兩旁的樹影與遠處的山景完全退隱到背景的夜色之中，眼前只有儀表板與前車輪所構成的畫面，配合著轟轟的引擎聲迴盪於整個山區，當真應了一句話「前不見古人，後不見來者」。

車行半個多小時後，逐漸離開了山區，路旁也開始出現零星的商家，繼續前行終於來到了苗栗市。走在苗栗火車站附近的街道上，在一個不起眼的巷口看見「新興大旅社」招牌，信步前往馬上就被那引人懷舊的味道所吸引，復古味十足——除了洗石子的地板

（左）「薰衣草森林」位於明德水庫旁，坐擁湖光山色。（右）張藥房就在公義路上。

與木質樓梯扶手，從進門的玄關抬頭看，可以看見室內天井的環繞設計，牆上掛滿這家旅社的泛黃黑白照片，彷彿回到五、六〇年代。記得小時候住在臺南市天公廟附近就有一家這樣的旅社（現址已改為阿霞飯店），童年頑皮常常趁著服務人員不注意時偷偷溜進去，看室內天井的噴水池裡頭養著肥肥胖胖的錦鯉，是我童年時光裡的愉快記憶。

這樣的旅社不僅勾引起我的童年記憶，也讓我產生極大的好感與興趣，於是走進門跟旅社老闆打招呼準備入宿。六十多歲的老闆羅先生非常溫文和善，在聊天過程中，才知道這家旅社真的很不簡單：老闆的父親原本在此經營一家小雜貨店，但因鄰近火車站，常常有商旅客人錯過火車時刻而前來探問投宿，讓他興起了開設旅社的念頭，於是在一九五一年終於正式成立「新興大旅社」，誰想這一開就是六十多個年頭。對眼前的老闆而言，這家旅社就是他生命成長的全部記憶。不過，隨著時代的進步與變遷，這樣的老舊旅社逐漸被世人所遺忘，直到某次外出求學專攻設計的女兒為自家旅社拍攝微電影，參加建國百年交通部觀光局所舉辦的旅店競賽，意外從全國四百五十多家大飯店、民宿及汽車旅館裡脫穎而出，獲得「全國十大幸福旅宿」的榮譽，才重新獲得旅人們的青睞。

老闆從充滿歷史痕跡的抽屜裡，拿出一張張過往旅客來此住宿的照片，張張都是他心裡精彩的回憶：有一位香港旅客連續三年來臺，不論是單車、機車還是開車環島，每次到苗栗都一定來住宿；有一位已預約訂房的女單車客在山區迷路，幸虧老闆久候不至而加以連絡才指引她下山；有人因為下雨投宿遇到客滿，經與其他房客情商而同擠一間大通鋪，後來兩群人成了最好的朋友……。聽著老闆娓娓道出這家旅社的歷史，訴說每位旅客至今與他們夫婦仍保持的情誼，一股暖意緩緩流過心頭，心裡早被這股人情味所融化了。

隨手翻閱桌上的書本及旅遊雜誌，赫然發現這家旅社早就被媒體報導過無數次。而我，就在不知情的狀況下，沒有提前預約與事先規劃，幸運地住進這間滿是濃濃人情味的幸福旅宿！

August 15th

第一次家庭訪問

一早經旅社老闆推薦介紹，來到後火車站的鐵道博物館。或許是非假日的關係，占地不小的開放式鐵道博物館，竟然只有我一個遊客。這裡陳列的每一輛火車都大有來頭，不可小覷：從最早日治時代的CT152蒸汽機車（一九一七年大阪汽車株式會社製造）、早期臺灣糖業鐵路輕便鐵道762mm軌距專用的機車SL331（俗稱「五分車」）、到阿里山旅客列車的蒸汽機車28號（一九一三年美國拉伊馬公司製造），幾乎涵蓋了臺灣鐵路局早期曾使用過的所有火車頭。

看過鐵道博物館後，回到旅社整理行裝後準備出發，臨別與老闆羅先生夫婦在門口合影，我知道這張照片也將成為老闆抽屜中

苗栗鐵道文物展示館是全臺首座鐵路博物館。

的回憶之一了。苗栗這家懷舊旅社，讓我再度找到童年的記憶與人情味的溫暖，真的是在旅途中產生家的感覺，我暗自決定下次到苗栗一定再住這裡。

下午騎經三義，原本想從俗到木雕街走走，但卻看到勝興車站的指標，心想：這不是臺灣鐵道上最高海拔的車站嗎（現已廢站）？當然要去看看，今天就與鐵道結緣吧！

沿著指標一路前行，來到了勝興車站。原本以為是一座廢棄的舊車站，沒想到竟已經發展成為觀光景點，不僅車站本身增添了不少文創產品與裝置藝術，就連附近的店家都形成了一排老街式的風貌了。看了眼前的景象，不禁對自己原先以為可以到此發思古幽情的想法覺得好笑，轉而一想，**臺灣人似乎對這樣的老街、老樹、老倉庫、老車站都情有獨鍾**，而且都會發展出一套差不多的商業模式，這大概是臺灣特有的人物風景吧！

下午趕路到臺中，為的是到哲學系大三學生潔恩的家。潔恩是我教過的第一位全盲學生，從她大一進南華大學哲學系，我就一

這家旅社讓我再度找到童年的記憶與人情味的溫暖。

直是她的班導師，轉眼已歷三年了。這趟拜訪成了三年來的第一次家庭訪問，而且是在繞了將近一圈臺灣之後，我想這大概是最遠的家訪了吧！事後潔恩在臉書上分享我到她家拜訪的照片，馬上引來其他學生的「抗議聲浪」，直說希望我比照辦理，在摩托車環島過程排入所有同學的家訪行程，居然還有同學說家住金門——這怎麼可能啊！

其實，同學們當然能諒解我為什麼只到潔恩家拜訪。身為一位全盲者，她的學習與成長比其他人更加辛苦，尤其她並非天生眼盲，而是在國中時才完全看不見，其後她曾自暴自棄、任性發脾氣、怨恨這世間的不公平，但是她最終還是重新站起並且決定報考大學，才讓我們有了這段難得的師生緣分。所以，今天到她家訪問，實在也是真的看到她的成長與優秀的表現，作為導師的我若能與她的父母親聊一聊，一定能激勵潔恩更上層樓。

辭別潔恩全家人，已經是晚上八點多了，按理說應該在臺中尋找今晚的住宿地點才是，可是根據這幾天來的經驗，我發現愈是

離開勝興車站後，轉往龍騰斷橋，感覺此處頗具有攝影的藝術價值。

大都會區反而愈不容易找到適合的住宿地方——都市裡的國小通常不會讓陌生人借住，而旅館飯店動輒四、五星級，不然就是那種龍蛇混雜的旅社。於是決定繼續往彰化方向前進，再做應變。

如同下午一進入臺中市就迷路的狀態，現在要離開臺中了，我發現我又迷路了。臺中市這個大都會區的道路系統果然不是普通的複雜——有些道路是汽機車分道，可是我轉進機車道後卻再也找不到回主幹線的路；有些是指標雖指往彰化方向，可是它卻禁行機車，而我又找不到另外讓機車通行的道路；有時候是在Google地圖上顯示必須通過一座橋，可是我卻找不到過橋的路線；有時候在同一路段上都重複騎三趟了，還騎不出這個地區，根本就在原地繞圈子……。常聽人說臺灣的道路對外地人不友善，今天總算讓我見識到了，結果這趟本來不長的行程，竟然讓我騎到十一點多才到彰化。

到達彰化後，實在已經沒有力氣再找住宿的地方了，就在彰化車站旁隨便找間旅社進住。當我梳洗完畢，躺在舒適的床上，心裡想著明天去鹿港，走海線到麥寮六輕看看吧……念頭尚未轉完，就已經呼呼睡著了。

August 16th

看不到盡頭的六輕

早上起床後，心想距離check out時間還早，第一次來彰化應該到處走走逛逛。從旅社到彰化火車站僅一百多公尺，吃過在地有名的焢肉飯當早餐後，意外發現U-bike，這還是在臺北市以外的縣市第一次見到，不禁嘖嘖稱奇。於是改變騎摩托車逛彰化的計畫，改騎U-bike遊彰化。

騎上U-bike首站就是彰化著名的扇形火車博物館，進去一看果然極具特色。由於今天剛好是週六假日，正展示著蒸汽火車秀，使得現場大小朋友都驚呼連連。心想如果從高空俯看，這座扇形車庫及這裡各式不同造型的火車頭，不活脫脫就是知名的玩具——湯瑪士小火車嗎？

彰化扇形火車博物館是臺灣唯一保存的扇形車庫，兼具娛樂與教育功能。

看過扇形火車博物館，又悠遊騎過彰化孔廟，就來到了八卦山。常聽人提到彰化八卦山的大佛是臺灣非常重要的旅遊地標，但卻一直無緣造訪，今天機緣得便，豈能不去拜訪參觀？話不多說，馬上騎著U-bike往大佛方向前進。不料，八卦山的爬坡道路比預期陡斜，U-bike雖有變速裝置仍騎不上去，滿身大汗地停車在路旁，只能望坡興嘆。

既然來到彰化，怎麼能過八卦山而不入呢？我不死心，決定回旅社退房後騎摩托車再來。果然野狼真不是浪得虛名，三檔就輕鬆騎上八卦山的停車場，聽聞了幾十年的八卦山大佛，終於就在我眼前了。

繞著大佛走了一圈，仰觀大佛感受它雄偉的氣勢，它面向著整個彰化市區，更有照看人間的庇佑之意。（當然，此處應是欣賞彰化夜景的絕佳地理位置。）山上遊客不多，倒是攤販不少，看來八卦山景點對在地人而言，早已不覺新鮮。倒是大佛旁公園的賴和詩牆，以鋼鐵鑄牆，鏤刻賴和詩句於牆上，綿延數十公尺，吸引了我

庇佑蒼生的八卦山大佛與鏤刻賴和憂國憂民之詩的鐵牆。

的目光。遙想賴和當年棄醫從文，文章中常懷憂國憂民之思，我不禁心下惻然，想起古今同憂，唯臺灣民眾仍未臻公民理想境地啊！

離開彰化，下午來到鹿港。這已經是我第四次拜訪鹿港小鎮了，每次來都會想起二十多年前第一次到訪時的驚豔，那時與朋友開車在彰化與鹿港之間的高速公路遇到大塞車，車陣中百無聊賴之際，餘光一瞥鹿港指標，兩人都是久聞鹿港之名而從未到訪，於是念頭一轉即下高速公路，直奔鹿港而來。

鹿港是荷蘭及清朝時期臺灣對外的重要商港，向來與臺南府城、臺北艋舺並稱「一府、二鹿、三艋舺」，因繁榮發展而富商雲集、豪宅四立，處處有文人雅士的幽靜居所隱身於巷弄之間，形成集文化與經濟於一身的古典城鎮。不過，後來由於港口淤積，加上臺灣縱貫鐵路並未經過鹿港，使得這座曾經繁華一時的城鎮因不再位居交通樞鈕要衝而日趨沒落，但也因此讓鹿港免於受到急劇現代化之破壞，反而得能保存許多文化、習俗、古蹟與文物。我第一次造訪鹿港時，就被她那既純樸又典雅的風貌所傾倒，就像歷經風霜

古拙的龍山寺。

的貴婦，在洗盡鉛華之後仍保有昔時絕代的風姿，的的確確令我與友人均為之心儀不已啊！

但是，隨著這二十多年來臺灣觀光發展，鹿港以其古蹟保存之佳而擠身熱門旅遊景點，開始一點一滴地流失原來風貌。每次來鹿港，就又再一次印證這樣的事實，真的感到非常可惜。例如眼前這座鹿港文武廟，就像昨天於彰化所見的孔廟一樣，都翻新太過，雖然好看但總顯得富貴氣太濃，若以上述的貴婦相比，此更像是老婦塗濃妝。幸喜龍山寺的古拙依舊，從每個不經意的角度，都在向我展現它各種不同姿態的美感，是我每次來鹿港必到憑弔之處。

信步鑽進曲折小巷，循著指標來到鹿港辜家老宅（現為鹿港民俗文物館），一進門抬頭看見「義行可風」的牌匾，心想從日治到陳儀，從國民黨到民進黨，辜家歷久不衰，毀譽參半，真不知此四字從何說起！

離開鹿港，騎上野狼直奔環島旅程的最後造訪地點——麥寮六輕。

（左）鹿港辜家老宅一景。（右）鹿港文武廟旁邊的文開書院尚存古意。

六輕（第六套輕油裂解廠）因其為臺灣第六座輕油裂解廠而得名，也是臺灣第一座民營煉油廠，係由臺塑集團開發與經營，以填海造地的方式在雲林麥寮西海岸鋪出新生地建廠，廠區內除原有輕油裂解廠外，還設置一座專用港（即麥寮港）、發電廠、汽電共生廠及其他相關的工業設施，規模之大，可謂創造了非官方建廠的最高紀錄。不過，自二〇一〇年連續三起工安意外後，引發當地居民的不安，加上建廠過程中爭議不斷的環保話題，讓六輕一直都是國內工安與環保的重要焦點。因此，當我取道海線回嘉義的途中，便決定去看看麥寮的六輕。

而在夕陽餘暉的襯映下，六輕「小白宮招待所」的富麗，顯然遮掩不住它背後的每一支煙囪所冒出的濃濃廢氣。

從六輕廠區的規模看來，它不愧是臺灣民營建廠之首。我從廠區的北端沿圍牆外六線道大馬路騎著車，**極目望去完全看不到盡頭**，騎了近二十分鐘後才抵達廠區的南端，與Google地圖上的占地呼應，幅員之大眼見為實。

之後從麥寮騎到一處名喚羅厝村的小村落，天色已完全暗了，坐在路邊的小公車亭吃完最後一個罐頭，我，已經在回嘉義的路上了！

在夜幕低垂中，野狼頭燈奮力張大它的亮光，為我照明「回嘉」的道路，一些熟悉的街景開始出現在眼前。終於，回到了大林的南華大學，在我的研究室打了卡，這**最後的打卡點，也是最初的第一個打卡點**——青龍幫聚會所。

出發前巧遇學校的同仁聖真（她也是我曾教過的學生），當時她發了一則短訊給我，希望我每天都能捎回沿途的風景、民情與故事，分享給所有關心我的師友們，我答應了，於是開始了在臉書上的沿途實況報導。感謝臉書上的所有朋友，你們的一路相隨與鼓

風力發電的風扇都設置在發電廠附近，所以當來到麥寮，遠遠看到這種巨型風扇，我馬上意識到六輕應該就在附近了。

勵，讓我這趟摩托車旅程一點也不孤單；你們不嫌棄我的拙劣文筆與簡單照片，而且還熱烈回應；甚至有時候當我遇到一些困難時，你們還立即提出解決方案供我參考，讓我因此度過許多次的瓶頸。

此刻我坐在研究室裡，看著堆放在牆邊的行李、睡袋與帳篷，心裡微微泛起一絲惆悵，我的摩托車環島旅程結束了，但我這個「心的漫遊者」真的找到回家的路了嗎？或許，我已經在醞釀下一趟的旅程了吧！

六輕廠區之大，幾乎讓人看不到盡頭。

2016年暑假，「為臺灣高教與醫療環島」順利完成，環島哲思之行仍將繼續……

SOLITUDE ROAMING

環島的意義

一個哲學教授的社會觀察

謝青龍

環島的意義

2015年盛夏——孤獨的流浪哲人

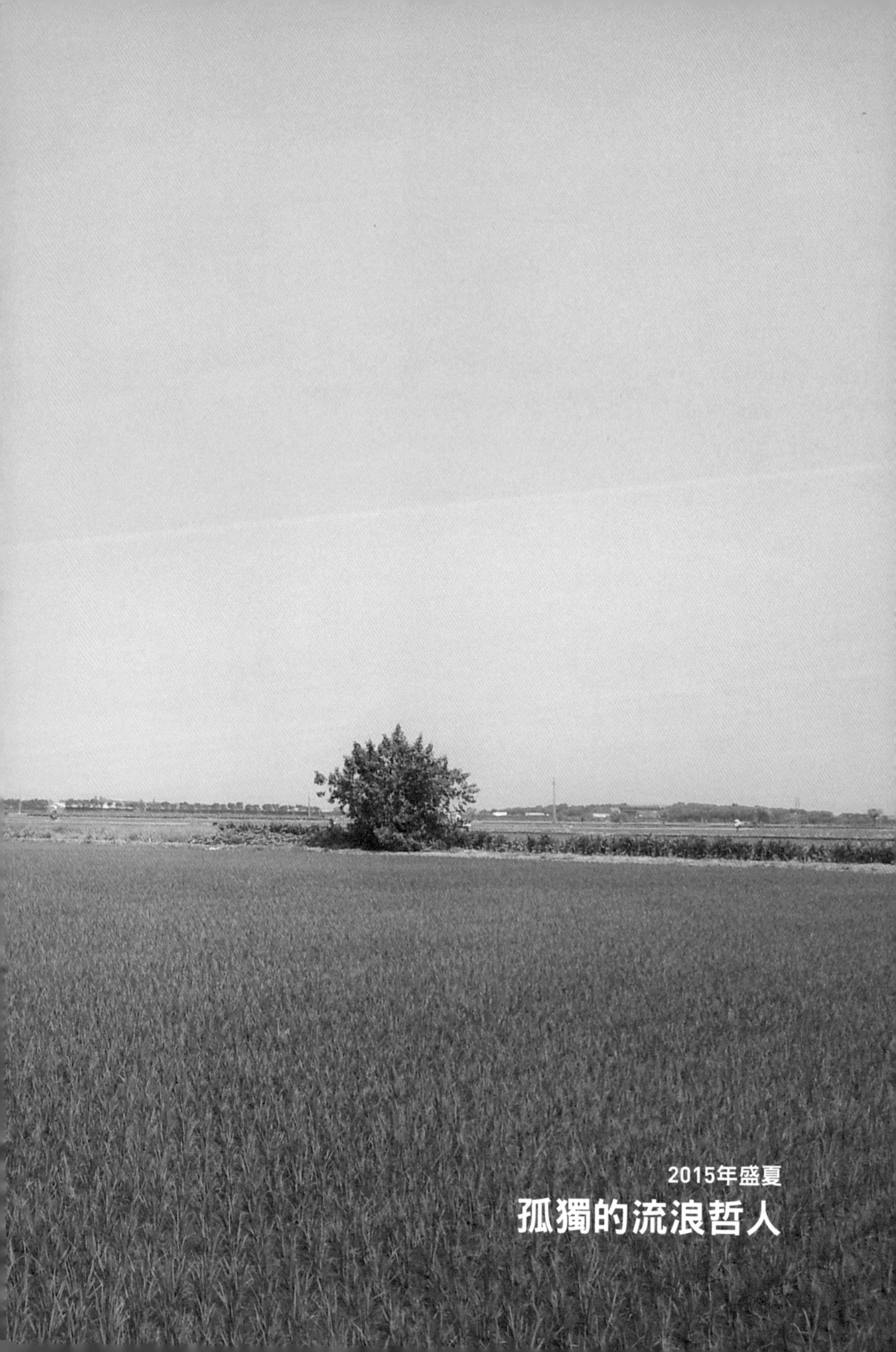

2015年盛夏

孤獨的流浪哲人

July 19th

自由人的渴望

去年甫卸下行政職務，便愴惶騎上野狼，逃難似地去環島。有人問我到底在逃離什麼，我想大概是對臺灣整個教育沉淪的無奈吧！藉著騎摩托車環島的過程，我逐漸摸索著自己未來的著力點，雖然不完全成熟，但我的確開始投入社會批判的行列中。

一年過去了，我從社會批判的角度，更觸及了臺灣貧富不均、社會資源分配不公、青年低薪、政治惡鬥、教育更加敗壞……等各種面向，我似乎看到了自己所出身的那個社會底層階級正不斷加劇其被向下拉扯的速度，但除了批判其不公義外，我什麼也做不了。

我渴望去接觸更多的人們，尤其是那些社會底層的人們，他們猶如赫拉巴爾（Bohumil Hrabal, 1914-1997）口中所稱的珍珠。這是我出身的階層，我對他們有著極深的熟悉感與親切感，我實在無法漠視他們正被整個社會逐漸吞噬而邊緣化。

於是，醞釀已久的心境，將於明天再度踏上環島之路，我想去認識更多的人，探觸更底層的人性，凝視更深層的社會問題。所以我給自己一個月的時間去流浪，用最貧窮的環島方式（徒步或搭便車），喚醒自己內心最早期的記憶，從而更堅定自己未來該努力的

方向。

我希望再看到藍天，我希望多接觸土地，我希望再結識更多志同道合的朋友，我希望……。如同電影《刺激1995》（*The Shawshank Redemption*）中的阿瑞所說的——**這是作為一個「自由人」才有的渴望！**

July 20th

第一天的跋涉

今天是預計出發環島的日子，可是一早醒來就聽到窗外瀝瀝的雨聲，而且雨勢不小。雖然這幾天在準備環島器材與行裝時，就已經自我心理建設，想像這趟環島旅程可能會遭遇到各種挑戰與困境，但是在出發的第一天就下著這樣的大雨，**莫非上天要考驗我的決心嗎？**

突然電話響起，傳來好友中平老師的聲音：「青龍，現在下大雨，你怎麼出發啊？要不要我去載你？」果然是好朋友，昨晚中平夫婦為我餞行時，他還一再問說有沒有需要他幫忙的地方，今早他一看雨勢不歇就直接打電話給我了。

這趟環島旅程，我本就是以徒步及搭便車的方式進行，為的就是希望能走慢一點，多認識一些人與在地事物。出發的第一天就搭便車，實在有些不好意思，但想想未來一個月還有得消耗體力與意志力的地方，也就沒有逞強拒絕朋友的好意。當中平開車載著我從學校出發後，雨勢逐漸變小，太陽也慢慢撥開雲層綻放笑臉，遠處天空一片湛藍，似乎預告著雨季結束了。果然，當中平載我到民雄車站時，雖然地上水漬未乾，但天空已經完全放晴了。

感謝中平老師的溫馨接送，從車上卸下行李，揮別他的殷切關心，我的環島旅程就從民雄火車站開始。在後車站拍了一張照片，作為出發的紀念。

經過了斗南、虎尾，一口氣走到莿桐，沿途看見一戶製作大鼓的人家，門口懸掛著幾面巨型大鼓，非常顯眼。走進與主人打招呼，只見屋子裡幾位壯漢正在搬動器材，主人非常客氣，直說：「手邊工作忙不能招待，很失禮。」其實冒昧打擾的人是我，怎麼反倒是主人說失禮呢？可見鄉間純樸的人情味。徵得主人同意，拍了幾張他們製作大鼓過程的相片，看得出來這是一份既需要製作技術又非常耗費體力的工作啊！

傍晚7點多來到西螺，根據去年摩托車環島的經驗，在太陽未下山前就應該開始找住宿地點，但是今天卻一直走到天色全暗了才想到這件事，大概是我還處在第一天旅程的興奮狀態吧。

從省道轉進西螺鎮區，我就開始google西螺鎮裡的學校，希望能找到適合的紮營地點，發現附近就有一所中山國小，心想真的太幸

（左）在莿桐發現罕見的製鼓工藝。（右）久聞莿桐「芒果咖啡」非常有名，沒想到辛苦走來卻見大門深鎖，這時腦海裡不禁浮現出斗大的「殘念」字樣！

運了。走進這所國小，一眼就看到許多民眾正在操場散步、運動，但整個校園逛了一圈，卻找不到校警或任何教職員。

在熱心居民的提議下，我前往西螺有名的廣興宮，詢問是否可以住宿香客大樓，豈料香客大樓只有在節日時才開放，平常日子並不對外提供住宿服務，心中不免有些失望。廟裡志工見狀就推薦我試試「西螺背包客棧」民宿，這是西螺文教基金會的服務站，曾經耳聞是頗有理念的在地服務機構，於是又燃起我的興趣。

從廣興宮循線走到了西螺老街，此時已經8點多，整條老街的商店多已打烊，來到民宿拉開木門一看，屋子裡坐著一個人，急忙上前詢問今晚能否住宿，才知道他也是住客，簡略攀談得知他是設計師，前一陣剛辭掉工作，目前騎機車環島中。

無法入住背包客棧的我，站在空蕩無人的西螺老街上，心想只

西螺背包客棧一景。西螺背包客棧純屬服務性質，但須提前預約住宿，臨時到訪的我只能望之興嘆。

能再回到中山國小了。這時的我已經疲憊不堪，拖著沉重的腳步再走回到中山國小。唉！早知道就直接在中山國小紮營，折騰了快兩小時，最終還是回到最初的原點，而且光是這一趟西螺鎮走下來，怕不有6、7公里的路程了，這對走了一整天路的我而言，實在已經超出負荷。

July 21st

揹起大字報

昨晚一夜的大風吹動帳篷呼呼作響，雖然一整天的「急行軍」已經體力透支，但由於擔心半夜被校警叫起，加上風聲大作，睡得不甚安穩。好不容易迷迷糊糊地睡著了，清晨又被土風舞班的音樂聲吵醒。

在帳篷裡坐起，只感覺全身痠痛，腳底也出現兩個大水泡，手腳都略有晒傷的現象……，諸多症狀全被朋友們預料到了，顯然昨天第一天走得太快也太急。一趟徒步加搭便車的環島旅程，本來就不是短短幾天的事，在心境上必須做好長期抗戰的準備才是。

有一位朋友在臉書上問道：「這次又要流浪去哪裡？」雖然我的官方答案永遠是：「流浪是為了找到回家的路！」（不用這個官方版答案，這趟旅程根本就不可能通過家人的同意啊！）但其實在踽踽獨行的漫長人生道路上，我對「流浪」一詞實在有著深藏內心的想法，倘若勉強界定它，那就稱它是一種哲學式的答案吧！

對一個流浪者而言，流浪既然稱之為流浪，就不應該有目的或所謂的目的地；他不同於歸鄉者，歸鄉者的流浪在找尋，找尋他的原鄉之所，即使他的足跡踏上多遠的國界，或是他的旅途多麼曲折

環島第一晚睡得不甚安穩。

蜿蜒，他的目的地永遠是指向他生命的原鄉之所——不論是地理位置或是心靈上的原鄉。可是，流浪者沒有這樣的原鄉之所，如果他的流浪有目的性，那麼這個目的也只在每一個步伐腳下的道路而已——它看起來是那麼微不足道，而且根本無法讓我們覺察它未來的方向與目的。所以，對我而言，流浪到底是為了什麼呢？我想是：**當下每一個步伐的無目的性，或許在遙遠的未來，將不知不覺帶著我，走到我從未踏足的境地！**

收拾好帳篷與裝備，走出國小門口，沿著昨晚相同的道路又走到了廣興宮。昨晚急著找住宿處，加上天色已暗，沒有好好欣賞西螺這座饒富盛名的城鎮，今天慢慢地在街道上行走，發現它就是典型的臺灣傳統小鎮，在傳統文化保存中又兼有一些現代化樣貌，而可能是因為對外交通主要依靠客運，街道上的觀光客並不多見。

坐在客運站旁超商店內，慢慢啜飲美式咖啡的同時，心裡盤算著既然是徒步加搭便車的方式環島，要如何搭便車呢？突然靈光一閃，何不寫一張「搭便車環島」的海報掛在登山背包上，讓過往車輛駕駛人一眼就能看到？如此一來，自己也不必時時回頭張望是否有車輛經過，只需往前專心走路即可，如果有緣自然就能在適當的時刻在路上相遇，完成一段十幾二十分鐘的搭便車情誼。

心念既定，當下就向超商店長情商要了一只紙箱，並在熱心店長的協助下完成這張「搭便車環島」的大字報，雖然形貌不佳、字跡醜陋，但就要表達的意思而論，算是非常清楚的了，希望今天能派上用場。

攝於西螺振文書院。

離開西螺鎮，走在西螺大橋上眺望濁水溪的美景，從這座近兩公里長、曾為臺灣第一大橋（1953年通車，當時僅次於美國舊金山金門大橋，為世界第二、亞洲第一大橋）的起點看向盡頭，紅色的鋼樑設計極為醒目壯觀。不過我沒敢太過忘情地欣賞風景，這座舊西螺大橋上並沒有設計人行道（不僅沒有人行道，也沒有慢車道或自行車道），所以我其實是走在車道上，與過往車輛共用這狹窄的道路，即使已經盡量靠著道路邊緣的橋柱走，但仍不免提心吊膽。

幸好走了10幾分鐘後，一輛車子停了下來，口氣雖急促但很客氣地問我：「要搭便車嗎？趕快上來。」在這僅兩線道的橋面上停車載人，實在難為了車主呂先生伉儷，我也知道這樣的情景並不安全，所以說了一聲謝謝就趕緊上車。車子開動後，車主夫婦與我雙方才正式自我介紹，果然話匣子一打開就停不住，3人的談話內容總

走在西螺大橋上，幾乎是人車爭道。

離不開徒步環臺，原來呂先生夫婦去年才參加過北港媽祖的遶境活動，對徒步行腳的記憶猶新，也提供了我不少有用的建議。

原本只想載我通過西螺大橋這個危險路段即可，沒想到一路上說說笑笑，呂先生竟然直接載我到田尾的公路花園入口處，而且一直向我推薦田尾公路花園非常值得參觀。我下車後向開車離去的呂先生伉儷揮手致謝，心想早上花時間製成的「搭便車環島」牌子果然有用！

今天的行程如有神助，從田尾出發走了不到兩個小時，就接連搭上兩位善心人士的便車。

在永靖遇到的第一位是任職於有機蔬果合作社的曾課長，從他口中得知現在不論是自有地的農家，或是被聘雇當職業農夫，薪資都有8萬左右，真讓我不禁興起棄學就農的念頭。猶記得幾年前在紀

兩人一路聊著臺灣農業的未來，不知不覺就到了員林。揮別曾課長後，走在往彰化的途中，看著路旁的稻田，心裡似乎對農務更有了一層不同的體會。

錄片《看見臺灣》中認識了在宜蘭務農並引進日本「穀東俱樂部」概念的賴青松先生，後來陸續在許多報導中又讀到臺灣農業發展的文章，當時就覺得現代人雖日漸重視食品安全與飲食文化，但若沒有落實農產品供應鏈的產銷結構合理化，恐怕仍是鏡花水月一場。

其中更重要的是，現代農產農業技術的革新，乃根植於人類與大自然的共處模式，過去那種不斷擷取自然資源以增加農產的舊農業觀念勢必重新調整，因為唯有在生態平衡的和諧下，人類學會如何取用自然資源而不耗竭，而且在取用的同時也能提供滋養自然的回饋，才是未來農業發展的新趨勢。就像2015年義大利米蘭的世界博覽會，就是以「餵養地球，滋養生命」（Feeding the planet, energy for life）為主題訴求，不正說明了這個農業新趨勢嗎？

從員林繼續徒步前進，經過大村時又幸運遇到讓我搭便車的

善心人士——江太太母女。上車後江太太對我說：「我看到你背上的搭便車牌子，心想大太陽底下走路真的很辛苦，本想立刻停車載你，但我刻意停在稍遠的前方，好觀察這個搭便車的人是否正常、友善。」顯然，我還不至於被誤認為匪類，所以才能順利上車。在車上談話得知江太太是載著今年剛從護校畢業的女兒到彰化基督教醫院上夜班，而且晚上12點還要再從員林開車來彰化載女兒回家。顯見江太太對人身安全的注重與細心，我這才發覺能被她載上這輛車是多麼不易與幸運。

在討論了一些關於臺灣的治安話題後，車子就到彰化了。下車後站在彰化基督教醫院的對面街道上，心想早上還在西螺，現就已經到彰化了，真的遠遠超出我的預估進度。但此時腳底的水泡已經不斷向我抗議了，看來今晚得找個較舒適的住宿環境，再買些藥品來處理傷口，希望明天能繼續走路。

晚上住在彰化火車站附近的旅社，在臉書上打卡時引來一群朋友的驚呼，直說我環島速度太快了！明立國老師甚至開我玩笑說會不會明天就走完全程了！明老師的「擔憂」，我今天在曾課長的車上還真的聊到過，當時曾課長打趣說：「若要搭便車早點到臺北，就直接在高速公路北上交流道的匝道口招車最快！」說完我們兩個人都哈哈大笑，直呼太荒謬了。

總之，**在掛出「搭便車環島」牌子的第一天，我算是體會到臺灣人情味的溫暖了。**

July 22nd

沒有事先安排的聚會

早上醒來聽到窗外雨滴聲，打開窗戶一看，果然下雨了。雖然是小雨，但從地上雨漬判斷，昨夜應有一場不小的雨勢，心裡頗慶幸昨晚沒有露宿街頭。不過高興也沒一分鐘，望著天空厚厚的雲層，心裡暗暗發愁，今天應該是不好走的一天。

先不管天氣了，反正路總是要繼續走的，吃飯皇帝大，先去吃早餐吧。去年摩托車環島時也曾在彰化住宿一晚，吃的是道地的焢肉飯小吃，今天就再去吃一回。雖然天空仍下著細雨，但這家小吃店前依舊排隊人潮不減，幸喜一頓早餐吃完，天氣逐漸由雨轉陰，也讓我心情開朗不少，只是不知道是焢肉飯好吃還是天氣放晴的緣故，就不可考了！

昨晚友人在臉書上報以治水泡良方，依法炮製，早上起來發現幾乎不痛了，對今天的行程又充滿信心。走吧！趁著氣候涼爽又無雨。

從彰化火車站出發，經過孔廟、八卦山腳下、彰化師範大學……，都是去年摩托車旅程中曾經造訪過的地點，**去年的景物依舊熟悉，彷彿是幾天前才來過而已，但實際上卻是一年歲月又徒然流逝**，心裡還真有一些感慨。

（左）吃過彰化道地焢肉飯，讓人心情開朗，拋開對天氣的擔憂。（右）這張「搭便車環島」的大字海報吸睛威力不小。

就在省道上默默獨行時，一輛摩托車停在我旁邊，一張學生臉孔靦覥地說：「我可以拍你背上那張『搭便車環島』的牌子嗎？」我當然說沒問題，轉過身作勢走路前進狀，讓這位大葉大學的羅同學拍下背影。

拍完照片後，羅同學才不好意思地說：「只想到拍這張海報，都忘了你的目的是要搭便車，那我可以用機車載你嗎？」當初寫這張海報時，心裡倒真的沒想到會是搭機車，畢竟背上行囊分量十足。現在既然羅同學提出來了，那就試試看吧！這幾天以來第一次搭摩托車，不禁懷念起我的野狼。

從大肚到烏日，雖然一段路不長，卻與這位旅遊所的羅同學聊了不少話題，兩人拉開嗓門，從臺灣旅遊的遠景，談到哲學是什麼，眼看羅同學頻頻走錯路，不禁笑說莫非是對哲學產生了興趣而

羅同學是環島旅程中第一位因為搭便車而加入的臉書好友。

故意延長聊天的時間嗎！

不過我先前對搭機車的憂慮，果然是有道理的，坐在機車後座為了平衡機車向前的衝力與背包向後的重力，整個腰背必須隨時緊繃著，在烏日下車後，我隱隱覺得腰背有些不舒服，這讓我在接下來幾天的徒步過程中，非常小心注意不敢再增加腰背的負擔，深怕若真的受傷，這一趟徒步環島的計畫就得中斷了。

從烏日往科博館前進，走了快兩個小時，心想應該快到了，沒想到根本還走不到一半的路程。不過，臺灣處處有溫情，沒多久就讓我遇到了在音樂班教大提琴的石小姐，果然學音樂的人都非常有愛心，讓我搭上這趟對她來說不順路的便車。

有大提琴作為話題就不會無聊了，兩人從巴哈的〈無伴奏大提琴〉聊到馬友友，又從臺灣的音樂欣賞素養談到國小的音樂教育，

時間一下子就過去了。

下午到科博館拜訪老同學，談起臺灣的教育，兩個人都心有所感地同時搖頭，尤其是對臺灣目前博物館的定位仍停留在展示與解說，未能發揮更多的教育功能，咸感可惜。

揮別老同學，繼續往東海大學的方向前進，預計今晚到錫輝老師家借住一宿。途中遇到一位貌似學生的吳先生停下機車，他同樣表示是被我背上的「搭便車環島」牌子所吸引，問我是否需要搭載一程。今天我已經走了5個多小時，腳底的水泡似乎要開始作祟，雖然搭機車還是讓我有些擔憂，但實在需要讓腳稍微休息，所以就欣然接受了他的好意。只見他騎著機車一路上東鑽西穿，顯然對路況非常熟悉，我也就樂得讓他導引與介紹當地風土民情。

聊起環島的緣由，我當然還是搬出那套「流浪」的說辭，但是當他問起：「為什麼搭便車呢？」我總不能說是因為年紀大了想偷懶，於是回答：「我希望把大學研究室這樣的場域搬到現實的人生中，在各種可能的機會下，與我遇到的每一個人，都能展開一場生命的對話，而**『搭便車』這個訊息，就是我向過往行人或車輛所發出的邀請，邀請他們進入我在環島過程中所構築起來的一場場對話場域！**」

顯然吳先生對這個回答非常感興趣，當下就邀我參加他與朋友晚上的聚會。從剛才的談話中，我已經約略覺察到眼前這個大男生心中那股對哲學與美學的渴望，心想這不正是我此次環島旅行的目的嗎？於是我馬上接受了這個邀請。來到東海藝術街商圈，遇到了另外2位對設計與藝術都很有想法的大男生。在他們的租賃處，4個

這樣的聚會讓我感覺彷彿又回到學校的研究室，但更像是回到我年輕時候的大學生活。

人邊吃飯邊聊天，聊電影、評小說、談創作、論人生……。

太有趣的一場聚會，沒有目的性，也沒有事先安排，完完全全就是一場人生的偶遇！

告別3個大男生，結束一場有趣的生命盛宴，接著就來到錫輝老師家借宿。在昏暗的夜燈下與錫輝伉儷暢談人生，從環島的生命觀到近年來的高教亂象，再回歸到海德格爾（Martin Heidegger, 1889-1976）「天地神人四域合一」的哲學觀。

談話中3人都對海德格爾晚年思想有極大興趣，我甚至告訴錫輝夫婦，在這一趟環島旅途中，雖知行裝一定要力求輕便，但在準備行囊時還是忍不住放了一本海德格爾的《荷爾德林詩的闡釋》。書中序言提到：「這些闡釋乃是一種思與詩的對話；這種詩的歷史唯一性無法在文學史上得到證明，而是必須通過運思的對話才能進

入這種唯一性。」說明了**這趟環島的意義，我所追求的正是一種沉思、一種詩歌，而當這分沉思與詩歌相遇而開展出孤獨的美感時，我渴望可以驚鴻一瞥地切近這個唯一性！**

一個晚上接連兩場人文對話，就好像回到學生時期，沒有世俗的現實壓力，也沒有市儈的利害糾葛，有的只是理念與理想的撞擊火花。若不是錫輝夫婦擔心我太疲累而催我早點休息，不然還真有可能徹夜長談啊！

July 23rd

環島又不是比賽

早餐之後，錫輝開車載我回到省道臺1線上，下車時兩人就在一句「學校見了」聲中互道保重，我重新踏上環島的旅途。

走過清水後遇到從事物流貨運的司機劉先生，於是我坐上這輛貨運車的副駕駛座，一路跟著劉先生送貨到大甲，終於看到了聞名已久的鎮瀾宮。

路上與劉先生聊天，談到臺灣的經濟狀況，我嘗試問問他對目前工作的看法，木訥的他直說自己不懂什麼臺灣經濟，但是對目前這份穩定的送貨工作已經非常滿足了。這樣的回答讓我感到意外！因為在這一段搭便車的路途中，我好幾次看到他在大太陽下揮汗如雨卸貨（幾次出言想幫忙，但他都說我不懂搬運技巧，怕我受傷而婉拒，還說他一個人工作習慣了，我幫忙反而會讓他不方便），而當論及月薪時，我是真心覺得這份薪水根本不能與他的工作時數與辛勞程度相對等。面對這樣不合理的工作時數與薪資，我以為這個話題會引發劉先生對目前臺灣薪資結構與工作環境的不滿，沒想到他卻回答他很滿意現在的工作。

這是怎樣的人性啊？在劉先生身上，我真的看到臺灣人敦厚的

（左）一夜好眠，在廚房傳來微微的聲響中醒來，到客廳一看，才知道錫輝夫妻為我準備了一頓五星級早餐。（右）終於看到了聞名已久的鎮瀾宮。在鎮瀾宮附近隨意繞了兩圈，吃了幾樣也不知道是不是在地小吃的小吃。

質樸性格。記得環島旅程出發前曾有學生開玩笑，說我是要去深入民間探訪疾苦，可是當我面對劉先生這麼質樸善良的性格時，我反而**看到了自己自居知識分子的庸俗**。甚至，這讓我不得不再繼續深入思索，想到那些可惡的資方老闆，他們濫用了許許多多像劉先生這樣殷實的善良人性，不斷壓榨基層工作人員的勞力，只為了創造自己更大的利潤。

漫漫環島旅途，不知道還會遇到多少這樣的事啊！

離開鎮瀾宮，走了兩個多小時，感覺應該快到苑裡，忽然看到前面100公尺左右停了一輛車閃著燈，好像是想要載我，於是我繼續接近它，此時身邊又開來一輛車，車主說她順路但只到苑裡而已，我上了車，向車主梁小姐道謝。這時前方那輛車在我們經過時緩緩開動，似乎向我打招呼後才加速駛遠，看來背上的這塊牌子還是挺

有用的。

果然不到10分鐘就到達苑裡，梁小姐直接開車到她公司門口（一家知名房屋仲介公司）放我下車，向她道謝後我繼續前行，看到不遠處就是苑裡火車站，旁邊有一家7-11，正想走過去喝杯咖啡休息一下，沒想到一輛機車停到我身旁，一位看似高中生的年輕小伙子，一雙眼睛充滿笑意不斷打量我背後的海報，開門見山就問我：「你要搭便車嗎？」在他身後還有一群同樣騎著機車的朋友們起鬨訕笑著。

「我正要到對面7-11休息吃點東西，應該不用麻煩您了，謝謝！」我說出我原本的打算，但我實在懷疑眼前這位年輕人未滿18歲，所以就辭謝了他的好意。

「沒關係，你先休息一下，我就在附近繞，等你休息好了，我還是可以載你。」

「好，謝謝您！如果待會我要出發時再遇到您，那就麻煩您載一程了。」面對這麼誠意的邀請，實在很難拒絕，但我已打定主意在7-11休息至看不到他們再出發——並非我疑心這群年輕人的善意，而是我實在不鼓勵無照駕駛啊！

於是，我在超商裡慢條斯理地喝著咖啡，甚至小睡了一下，見附近再無這群年輕人的蹤跡，我才整裝出發。沒想到才剛走出苑裡鎮，又來了一輛車，車上一對年輕夫婦說可以順道送我到通霄。雖然才剛休息過，還不需要搭便車來調節體力，但我實在不願意在路上又遇見剛才那群年輕人，於是趕緊謝謝車主夫婦上車。

從苑裡到通霄其實並不遠，約10來分鐘就進入了通霄鎮，車主

陳先生夫妻原本要到鎮上工作，按說只需在途中放我下車就可以了，但他們卻一直送我穿越整個通霄鎮，到了鎮北的通霄國小才讓我下車，下車時還送我一塊奶油酥餅，當作點心補充體力，讓我再次感受到臺灣的人情味。

從通霄往北走，一路上夕陽已經斜照，但在通霄到後龍之間20多公里，實在看不出今晚適合的住宿地點，邊走心裡邊盤算著露宿路旁的可能性。所幸這時一位摩托車騎士（王同學）停了下來表示要載我一程。當時的對話，至今想來還是覺得很有趣：

「你要到哪裡？」王同學問道。

「我是順時針方向環島，正在北上的途中，沒有一定的目的地。看您要到哪裡，我就順路搭您便車到您的目的地就好。」我客氣地回答。

「我要到基隆。」沒想到王同學竟然冒出這個令我驚訝的答案。

「基～隆～？」我腦海瞬間閃過幾天前與有機蔬果合作社的曾課長之間的笑話：「既然要搭便車，乾脆搭直達臺北的便車就好了！」莫非今天要應驗了這段笑話了嗎？

「哈！不用載我到基隆啦，只需麻煩您載我到後龍，讓我今天找得到住宿地點就可以了。」**我當然要抵抗這種誘惑。**

「沒問題，順路！」只見王同學非常爽快答應。「順路」這兩個字一說出，我們兩個人同時都笑了出來，哈！哈！哈！都往基隆了，整個西臺灣還有不順路的地點嗎？

坐在摩托車後座與王同學談話，才知他是基隆經國管理暨健康

學院餐飲系大二的學生，今天是從臺南騎摩托車趕回基隆，天啊，會不會太拚了呀！到後龍下車後，除了感謝他的搭載之外，我也擔心他這一路狂飆到基隆的車程，所以一直叮嚀他一定要小心騎車、注意安全。

他笑說我的口吻像老師，我也只好老實說我就是老師啊！

目送王同學背影離開，我心裡默默祝禱，希望他一路平安抵達基隆。

晚上在後龍國小操場旁搭帳篷時，引來運動的居民們的好奇，在他們詢問下，我把剛才的搭車趣聞分享給他們聽，惹得他們哈哈大笑，其中一位阿嬤還說：「下次說不定會碰到一個開車環島的人，直接就把你載一圈環島回家。」話一結束，又讓大家開懷笑了好一陣子。後龍的人情味，我想我感受到了。

臉書上傳來一則訊息，是早我一個多禮拜出發徒步環島的哲學系學生綜瑩，他留言：「環島Day14，今天一個馬大哥順了我們一程就這樣到了長濱，臺東就這麼結束了，不過隨著臺東結束的，還有屬於我的環島之旅，我決定回家了，為了不再讓阿嬤擔心，而我也不會抱持任何遺憾。謝謝一路上幫助我的所有人。」

雖然晚了他們一週出發，但我們在臉書上曾互相加油打氣，甚至

期待能在臺灣的某個海岸線上面對面地擦身而過。有時光是想到這樣的相遇畫面，就足以成為我們在徒步旅程中的勇氣與動力，現在看來這已經是不可能達成的希望了。

很多朋友在臉書上提出疑問：「為什麼要放棄？」甚至有朋友還把我拿來與他們比較：「和青龍老師拚了，年輕人，你別輸啊！」但是綜瑩的回答是：「不了吧，這個又不是比賽！」讓我欣喜於他在這次環島旅程中的心靈成長。

為什麼決定徒步環島？每個人的答案都不同，但若環島本身已經失去意義，或是環島的意義已經達成，結束環島並不會有任何遺憾，何必還要執著於走完全程？難道只是為了怕丟臉、被嘲笑嗎？「不是放棄，是找到更重要的事，在旅程中了解了什麼才對我重要。」「就是因為這趟旅程讓我找到對自己真正重要的東西，所以才決定結束。」在此我更看到綜瑩更大的勇氣。

出發才4天，或許我還未碰到真正的考驗，我也不敢誇言一定能走完全程。回想出發前一晚，我曾心情激盪地在日記上寫著：「給自己一個月的時間去流浪，用最貧窮的環島方式（徒步或搭便車），喚醒自己內心最早期的記憶，從而更堅定自己未來該努力的方向。」我知道，不論是否能走完全程，但我都必須用最真誠的態度面對自己。

綜瑩，您的勇氣令人動容，也讓我重新省視自己當初決定環島的初心，謝謝您！

July 24th

為什麼一個人環島

早上照例被晨間運動的阿公阿嬤們吵醒，躺在帳篷內就聽到：「這是啥咪？」「這叫帳篷啦！」趕緊起來收拾行裝，今天預計走到竹北，拜訪一位20年沒見的碩士班同學，加油，出發了！

坐在早餐店吃早餐看新聞時，看到反課綱學生昨晚攻占教育部，但隨即被警察反綁逮捕的消息，內心實在沉重不已。

雖然在清爽的微風中繼續上路，但剛才電視新聞的畫面卻不斷在我腦海浮現。揹著沉重的登山背包，我默默數著自己的步伐，不禁想著當抗議、遊行甚至攻占機關部門逐漸成為常態，從洪仲丘案民眾對軍方黑幕的怒吼、太陽花運動對國家經濟政策黑箱的不滿，到現在反課綱微調對教育洗腦的反彈，抗議者的年齡不斷下降，抗議的手段愈發激烈，這到底說明了什麼？當政府不再聆聽人民的聲音，只想對不同的聲音摸摸頭敷衍了事，難怪整個臺灣在近20年來的發展中，逐漸走下坡至谷底……。

今天在走了近兩個小時後搭到便車，感謝頭份的賴老師，即使趕著到學校上暑期輔導課，仍載著我幾乎繞了一圈頭份市區（因為找不到臺1線省道），最後她時間實在來不及了，只好匆匆讓我下車

清潔隊大姐要求與我合影留念，真是一位有趣的人。

道再見。幸好下車後遇到一位正在清理街道的清潔隊大姐，她非常熱心地告訴我往省道的方向與路徑，而顯然她對我背上這塊牌子很感興趣，於是兩個人就站在路樹下聊了起來。

走到接近竹南時，遇到一位葉先生好心地讓我搭他便車，他本來是打算順路載我過竹南就好，沒想到兩人談話投緣，他竟爽快地直接「不順路」載我到新竹。下車時我向他道謝不已，因為我知道他還得再開回竹南。一路上屢屢遇到熱心的人，印證臉書上朋友們說的臺灣最美的風景是人啊！

來到新竹，當然要來拜訪周平老師，去年騎摩托車來新竹不遇，這次一定要好好「促膝長談」（這是周平原話，雖然有點肉麻，但還是很令人感動）。經過電話連絡之後，才知周平老師人在醫院「定期保養」（這也是周平的原話，10多年的交情，對他的

「周式笑話」早已知之甚稔了），於是循線來此，終於見面了。

有趣的是，一進醫院就有護理師對我微笑打招呼：「謝老師，你來了！」心想我全身汗臭且衣著邋遢，走進醫院沒有被嫌棄就已經是萬幸了，怎麼還挺受歡迎？念頭還未轉過，又一位護理師走過來，也是非常親切地問候我：「哇，環島辛苦了！」這下子我的疑惑終於解開，看來是周平老師已經把我這個訪客的背景資料加油添醋地宣傳過了。

在護理站外放下行李背包，拍拍身上的塵土，換上拖鞋，洗淨雙手，我才走近護理站內的病床，只見周平躺在病床上遠遠就對我揮手微笑。走近床前兩人相視一笑，相較於平時在學校碰面的樣子，今天這樣的場景有些奇特——一人在病榻中，另一人風塵僕僕。但就在這無言的相視一笑中，好像又已經交流溝通了無數話語。

對於這位摯友，我實在有著很深的敬意，這股敬意來自對他的人生涵養與道德勇氣的欽服。前者，眼看著自己身體狀況受疾病所囿，卻仍談笑風生、置生死病痛於度外，若不是有極深的生命涵養，如何能雲淡風輕？後者，是他常在各種場合對公共政策議題發表評論，不畏高層壓迫，不計個人得失，充分展現知識分子的理念與風骨。**為這兩個原因，就值得我走過半個臺灣來探訪他了。**

本只想到醫院探訪一下，不敢打擾周平老師太多的休息時間，誰知兩人話匣子一打開，竟不知不覺聊到天黑了，周平老師力邀我今晚住宿他家，於是在他「定期保養」結束後，我就跟著他在竹塹城中散步回家。

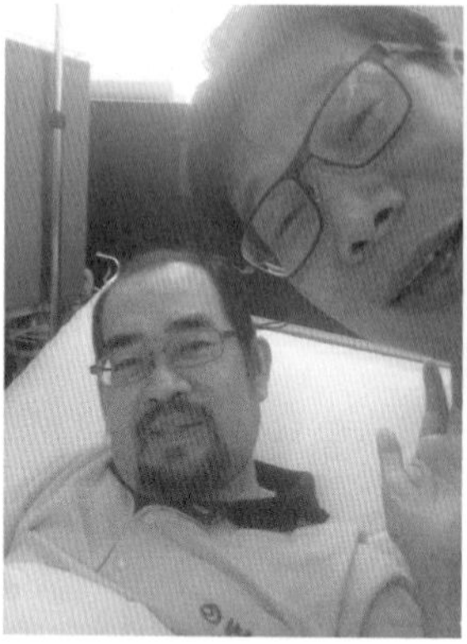

（左）坐在榻前與周平老師聊天，除了分享環島旅程中的趣聞外，話題總離不開臺灣高等教育的亂象。（右）環島途中竟能得聽周平老師演奏胡琴，真是一大享受。

今晚借宿在周平老師家，最大的享受就是看他含飴弄孫及拉胡琴。稍晚閭生老師回來，還為我們帶回來一點宵夜，於是就在餐桌前與他們夫妻倆秉燭夜話。

閭生老師擔任新竹監獄受刑人的輔導師已逾10年，在餐桌旁聽她娓娓道來每一位曾與她深層交流之受刑人的生命故事，我彷佛親身聽到許多痛苦的生命在呼喊。從他們年輕時莽撞犯下刑責談起，歲月在他們身上都刻畫著數不清的痕跡，有些人將這些呼喊化為文學的創作，又有些人投身於宗教的救贖，當然有更多的人仍在理智與情感的糾葛中掙扎……，在閭生老師給我看的書信中，我真切體會到他們豐富而多感的生命吶喊！

閭生老師不愧是輔導經驗豐富的輔導師，她看我對這些痛苦的生命心有所感，於是將話題一轉，直接問我為什麼一個人徒步環

島，眼神中透顯著對我心靈的凝視，但更多的是溫暖的關注。

說哲學實踐或體驗流浪，顯然都是太見外的回答，我緩緩思考著如何回應這麼直接且關懷的問題。「或許我的流浪正是凸顯出我內心長期以來的不安狀態！」我嘗試自我剖析，「長久以來的哲學思考，其實反映的是我從小到大的不安心靈，因為**我不知道生命的答案為何，所以也就不斷地追尋。**在哲學思索的過程中，透過與古今哲學家在學術上的對話，逐漸安撫了自己內在的不安，也讓自己慢慢習慣於與孤獨共處，但若真的細究其本原，那顆不安的心靈仍在我生命底層跳動著，我必須不斷為自己創造一個又一個實踐場域，讓自己在一個又一個的實踐過程中，將學術思考與生命體驗融合在一起。」

「那你的家人呢？」閨生老師再問。

「我想這也是我在年近半百之時才開始有了這些瘋狂舉動的原因吧！家人其實是我永遠的牽絆，年輕時安守本分地結婚生子、養兒育女，如今孩子逐漸長大，內心那顆不安跳動的心靈反而愈加蠢蠢欲動。我是真的認為**這樣的孤獨流浪與哲學思索，大概是我這一輩子的宿命，**既然逃脫不了，那就真誠地去面對！」這是我第一次對朋友吐露這樣的心聲。

隨著牆上時鐘敲打12響，3人都感到疲累了，在互道晚安中結束今天的心靈剖析之夜。躺在客房的地鋪上，心裡仍想著亙古的哲學問題：我是誰啊？！

July 25th

遇見包不同

雖然周平夫婦一再盛情留我，但也體諒我必須再次啟程的心境，於是周平親自騎機車載我到省道上，好讓我接續昨日的行程。經過頭前溪橋時，想起這一兩天的殷勤款待及真摯的交流對話，心中不禁浮現李白的詩，稍改之後略表我當下的心境：「頭前溪水深千尺，不及周平送我情！」

省道上車水馬龍，卻都沒有碰到有人願意搭載我一程。這是打從掛出「搭便車環島」牌子以來所未見，就在力氣快耗盡時，我才發現牌子上的字跡已經有點不清楚了，看來這就是為什麼沒有人願意停下車載我的原因了。

趕緊在路旁「整修」一下，讓它不再那麼破舊。果然，不到半小時就有一位機車騎士停下來表示要載我一程。原先他説回家順路載我到楊梅，但兩人在車上一聊，他好像捨不得放我下來，一路上騎得非常慢，還順便幫我從湖口、楊梅、平鎮一直導覽到中壢。

真是有趣的先生，年紀約35、36歲，江湖氣十足。談話中得知他曾有前科，對這個社會也似有反動情結，想起昨晚與閏生老師才聊起臺灣的獄政教育，所以我小心地與他談話，希望能從他口中了

頂著烈日驕陽走了許久，總算遇到明新科大的張同學載我到新豐車站。

解更多更生人的生活情況，誰知他動不動就說：「錯！」就連我稱讚他，他也都直接說「錯」！整個就是一位反對派，彷彿與人談話時，若不反駁對方觀點，就無法滿足自己說話的樂趣。

這樣有趣的人格特質，不禁讓我聯想到金庸筆下的人物——包不同，同樣是滿口「非也！非也！」

下午在中壢打卡後，朝下個目標桃園前進，誰知馬上有一通電話打來：「老師，你在中壢了？你在哪裡？我可以現在去讓你搭便車嗎？」原來是裕程。裕程原先是南華的學生，不過現在已經是輔大社會系的高材生了。

突然想起裕程就是中壢人，聽到他的聲音，我也非常高興。兩人相約一起到中壢的觀光夜市吃有名的簡師傅臭豆腐，然後他就騎機車載我到桃園南崁裕民老師家，準備今晚借宿。

最終還是到了目的地，我與裕程兩人就在南崁的尊爵大飯店前合影留念道別。

根據裕民老師的描述，從中壢到桃園的路程約15公里左右，所以在裕程未與我聯絡前，我原本打算再走3小時，今晚就可以到她家借宿了。不過，事後證明，從中壢到南崁可不止15公里啊！還好裕程騎機車載我，不然今天還真可能露宿街頭。

然而裕程騎著機車載我，我們從傍晚一直騎到天暗，兩人都心想：「不是只有15公里嗎，怎麼還沒到啊？」過程中，我們不僅塞車在桃園市中正路鬧區道路的車陣中，也發現我們好像繞了一圈遠路。

「裕程，您不是桃園人嗎？」我開玩笑地說。

「老師，我是中壢人，不是桃園人啦！」只見他一臉不好意思。其實這段路本來就迂迴，不是他認錯路。

來到裕民老師家，一進門就聽她說：「來得正好，有一碗魚

湯，要不要喝？」哇！一進門就有魚湯喝，感激之情溢於言表，連忙道謝不已。大概是我流浪好幾天第一次喝到魚湯的表情太激動了，反而讓裕民老師不好意思起來，直說：「剛好有煮，而且只剩魚頭，希望你不要嫌棄。」

喝完魚湯，與萬昌、裕民伉儷閒聊，話題當然還是關於環島。萬昌兄相當健談，與我聊起臺灣各地風土民情如數家珍，反倒顯得我這個環島者事先準備功課不夠周詳。隨著時針指向12，他們體諒我走了一整天，連聲催我早點休息，這才在他們費心安排的書房行軍床上安歇。

晚安了，桃園。

July 26th

鸚鵡吃剩的早餐

早上被裕民老師家兩隻鸚鵡的叫聲喚醒，頗有置身林間的感受。想來有趣，前幾天在錫輝家看貓，昨天在周平家看小孩，今天在裕民家看鸚鵡，都快變Discovery之旅了！

裕民老師親自下廚準備早餐——蛋包五穀食蔬、麵包及幾樣水果，萬昌兄直說托我的福才有機會吃這麼豐富的早餐。這句話透露了他們夫妻平常的生活大概也就簡單飲食而已，今天為我如此大費周章，真的讓我覺得過意不去。

將早餐照片上傳臉書，馬上引來其他朋友的調侃。熟知裕民愛鳥如命的明炤老師說：「這麼豐富的早餐，你確定不是鸚鵡吃剩下的？」

「那天你在我家吃的早餐，我家的貓絕對沒碰過。」錫輝老師也來湊熱鬧，「因為我家的貓不屑吃這樣的早餐，哈哈哈！」

「這也難怪，有人是極不挑嘴的。」明炤針對我平時隨便吃食的習慣，再補打我一槍。

一張早餐的臉書照片，竟能讓我們大家這麼開懷大笑！

今天陽光普照、烈日當空，走在幾無遮蔽的承德路與自強路

感謝萬昌兄順路將我載到臺北圓山，我繼續朝淡水方向前進。

上，頂著酷熱無比的高溫，打開這把既可擋風遮雨又可充當登山杖的雨傘，暫時將高溫的烈陽阻隔在傘外的世界，默默地數著腳步慢慢前行。

從去年摩托車環島的經驗中知道，一進入臺灣西北部的都會區，不論是國小借宿或是路邊搭便車，大概都不像在南臺灣或東臺灣那樣便捷。雖然背包上的搭便車牌子依舊顯目，身旁經過的車輛多如過江之鯽，但隨著一輛輛車子呼嘯而過的聲音聽來，我知道自己必須做最壞的打算——徒步走到淡水。

從石牌自強路轉至往淡水的大度路，這是汽、機車分道的主要幹線，心想大概更不會有搭便車的機會了，誰知念頭尚未轉過，就遇到聖約翰科大的林同學停下他的機車願載我一程。

坐上林同學的機車，只見他車行神速（難怪大度路曾被評選為

裕民老師家的兩隻鸚鵡，「國國」是哥哥，按裕民家中排行，全名是葉豐國；「弟弟」就是弟弟，全名是葉鼎頌。

最佳飆車的大馬路），我還來不及與他商量下車地點，就眼睜睜看著他從淡水外環道路走登輝大道，直接避開了淡水市區。雖然與我原先預計到淡水的規劃有出入，但或許去年摩托車環島就已經特地造訪過了，所以心裡倒也沒有什麼遺憾。

在聖約翰科大下車，與林同學道謝告別後，一個人怔怔地站在路邊，原先今晚預定要住淡水，但現在卻卡在往三芝方向的三不管地帶，如果繼續走，今天應該是到不了基隆，還是就在往三芝的路上尋覓今晚的住宿地點呢？

為了趕到基隆看謝天、謝恩，我決定搭上往基隆的客運，雖然這樣一來就破壞了我此行搭便車的一貫方式，但實在抵擋不住親情的呼喚啊！

July 27th

被學生「堵」到了

今天開始準備進入東北角。大海，我來了！

正當我還在為穿越基隆市而奮鬥時，一輛計程車停下來，我一度以為是要攬客，正納悶我背上的牌子不是寫著「搭便車」嗎？結果司機大哥非常明確表達就是讓我搭便車。

當我說出想往八斗子方向時，司機大哥卻說：「反正你是要走濱海環島，我是要載我媽媽回瑞芳家，乾脆我直接載你到瑞芳好了！」哇，要五毛給一塊，真的太幸運了。

上車後向司機大哥及他母親道謝，大哥很爽快地問我是律師還是醫師，我只好回應說是老師。原來他已經載過不少徒步環島的人了，而且還歸納出這些人多是學生或是「師字輩」。

一趟約20多分鐘的車程（應該又讓我省下了一整天的徒步），只聽大哥他對目前學生的反課綱時事，發表了極有見地的看法，他說：「高中學生出來反對，更不同於一般民眾，因為民眾抗議有時是為了個人利益，而學生往往是為了理想站出來，政府實在不能忽視不管。」說得太有道理了！

下車後在濱海公路旁，恰巧看見一座義人碑，回想適才與司機

濱海公路旁的義人碑。

大哥的對話，對他的草莽直率與俠義氣息印象深刻。猶記當年攻讀博士學位時，也曾寄居基隆不少歲月，基隆人的那分直率向來就是我所熟悉的，頓時親切感油然而生。

走在瑞濱海邊的公路上，撐著雨傘在大太陽底下繼續行走，中午在行經的廟宇吃著路邊買來的烤蕃薯，坐在廟旁的階梯小睡了片刻，之後繼續頂著午後的酷暑，走在南下的臺2線，一路上大卡車非常多，小心地靠路邊踽踽獨行。

也不知走了多久，忽見前方幾十公尺處停著一輛鵝黃色金龜車。由這些天來的搭車經驗，我知道這樣的高級車通常不會是可搭便車的對象，沒想到經過它時，車內駕駛對我微笑打招呼，我也報以微笑，就這麼搭上了這次環島過程中最高級的車子。事後根據車主溫先生的說法，這塊搭便車的牌子特別吸引他。

東北角海岸風光。

68歲的溫先生在礁溪經營一家溫泉旅社，從50、60年前臺灣農家的窮苦（他說他的父親當時就是因為窮而被招贅，讓我想到吳念真的電影《多桑》），兩人談到臺灣近幾年來的經濟狀況，他頗有感觸地說：「年輕人低薪，房地產高漲，中老年只好再負擔年輕人的生計，現在大家都不敢消費了。」

有趣的是他的觀察實例。原來礁溪固有的特種行業（據他說當地旅館或多或少都有），在這幾年中衰退很快，消費人數與金額都急遽減少。雖然我也知道近年來大型財團與飯店紛紛進駐礁溪，許多原本在地的小型旅店生存不易，但溫先生特別指出8大行業的蕭條，我倒是第一次聽聞。

與在礁溪土生土長的溫先生這番聊天，頗有增廣見聞之趣，不知不覺竟開到了礁溪，我稍微google了一下，竟然已行經了50、60公

礁溪溫先生既載了我一程，也讓我增廣了見聞。

里，天啊，這已是徒步近兩天的行程，早上還在基隆，現在卻已經到了礁溪，怎麼這麼快！

走在省道上，看著遠處青鬱的農田，清風徐來，雖在盛夏，竟也暑氣大減。直至看到「佛光大學」的指標，才突然想起佛光大學的確是在礁溪，去年還曾拜訪過該校副校長及學務長，怎麼剛才一直未憶起此事？

再走一個小時後，當我已在四結國小外的7-11休息時，一通電話打來：「老師，您現在走到哪裡了？我就在宜蘭往礁溪的省道上找您。」原來是哲學系畢業的校友鉅學打來的電話。

「我現在就在四結國小外省道上的7-11。」我還在納悶他怎麼知道我的行蹤。

「我馬上到，您等我喔！」我赫然想起他家就在宜蘭，去年騎

佛光大學與我任教的南華大學同屬佛光山的教育事業體系，可說是血脈相連的姐妹大學，但我打從進入礁溪以來，卻完全沒有把它們聯想在一起，大腦公務系統大概已經完全封閉了吧。

摩托車環島在宜蘭國小夜宿時，他還曾帶著兩杯咖啡專程到國小找我聊天。

幾分鐘後，他騎著他的野狼125出現，第一句話就說：「老師，這幾天我一直在關注您的行程，估算您到宜蘭的可能時間，今天終於讓我等到您了，這次您一定要到我家住宿，讓我盡盡地主之誼了。」說罷兩個人相視大笑，大概兩人都想起去年那一席夜話。當時他為顧全我獨行的決心而沒邀請我到他家小住，今天他就是為了彌補去年的缺憾而來。

面對這樣的熱情相邀，而且甚至是騎著摩托車在路上等著「堵」我，讓我實在無法拒絕啊！

July 28th

在人間尋求證道

昨晚在鉅學家簡單用過晚餐，真的是完全沒有刻意準備的簡單晚餐，一方面他不能確知是否能接到我，另一方面是他與我都習於簡單生活，他也非常清楚知道不需要為我刻意準備些什麼。晚餐後，他帶領著我在襯著暮色的宜蘭河兩岸散步。

夏日的傍晚，在薄暮的微光中漫步於河堤上，兩個人彷彿又回到去年在宜蘭國小夜談的那個情境，去年談的是流浪，而今年卻反而在人間修行的主題上打轉了，或許兩個人都已經從流浪的孤獨感中淬鍊出**生命的追問除了需不斷地面對自己外，更要返回人間尋求證道的因緣。**

今天一早在誦經聲中悠悠醒來，原來是鉅學每天清晨固定的早課。這位立志於佛學的年輕修行者，早在學校修習哲學課程時，就已經散發著不同於凡俗的智慧與生命體悟，離開學校畢業多年後，如今更臻成熟沉穩了。

「老師早！」聽到我開門的聲音，他輕輕放下手邊早課，微笑地向我打招呼。

「不好意思，打斷您的早課了！」我回應著。

（左）坐在道場前廣場，遠眺一片湖光山色的美景，兩人就在如此宜人的大自然中享受著今天的第一餐。（右）望龍埤畔。

「不會，其實我很早就起來了，也幫老師準備好了早餐，待會帶老師到宜蘭一處名勝一起用餐。現在只是利用一些空暇時間念念書而已。」面對這樣的誠摯待客，內心實在感動莫名。

於是又坐上鉅學的野狼，兩人來到宜蘭市郊景色清幽的龍潭湖。停好摩托車後，一同步行往山上走，約半個小時後，才在山頂的道場歇腳。

上午在龍潭湖吃過早餐後走上環湖步道，開啟了今天一整天的宜蘭導覽；中午在宜蘭河兩岸漫走，補足昨晚暮色中未見到的美景；下午到望龍埤看群山映綠水，可惜登山棧道整修中，無法拾階而上一覽山頂美景。

整個導覽過程，鉅學堅持執學生之禮，為我揹負沉重的背包。其實我與鉅學論學已有數載，不論是學識或涵養各方面，兩人名為

（左）宜蘭河河岸。（右）鉅學堅持執學生之禮，為我揹負沉重的背包。

師生，實則為良友。此次來到宜蘭，兩人更暢談不休，頗有他鄉遇故知之感。談學術發展、論教育現況，對當前臺灣的社會亂象，兩人同感無奈悲傷，但是一說起佛法哲學、生命況味，對舉世皆濁的人間百態，兩人又都相視一笑，雲淡風輕。

直至太陽偏西，他怕擔誤我的行程，才不得不收起暢談的愉悅心情，騎摩托車載我到最近的省道路旁，下車後相約在學校再見，我終於又揹起我的環島行裝向鉅學告別，再度踏上一個人的旅途。

July 29th

不同方向的相遇

昨天傍晚來到冬山國小，在值勤室取得校警的同意後即就地紮營。今早不是被晨間運動的阿公阿嬤們吵醒，而是被國小學童的歡笑聲叫醒，趕緊收拾行裝，莫要打擾了學生們的作息。

此時一位老師向我打招呼，並詢問有無可幫忙之處，雖然我客氣道謝並致意因借宿帶來他們師生們的不便，但這位老師過沒多久就拿了兩瓶冰礦泉水及一顆蘋果來給我，誰能不被這樣的盛情感動呢！

離開冬山國小，在附近超商吃早餐，順便看今天的新聞，看到臺灣高教工會到教育部抗議的消息，心裡突然湧起一陣熱血。

「臺灣高教工會」何許組織也？

這是由一群憂心臺灣高等教育的大專教師所組成的團體，原先是在一次例行的同學會中，許多老同學發現各自所處的大學在這幾年快速沉淪與變質，從大學生的學習態度、教師教學與研究的心態、各大學辦學的惡性競爭、甚至是教育部對高等教育的管控，都

冬山國小老師致贈的礦泉水及蘋果。

逐漸偏離了大學的精神與理念。這群老師憂心，倘若對此長期漠視與放任，不僅大學的學術地位嚴重向下沉淪，更重要的是將使臺灣的教育水準倒退數十年，未來的人才銜接恐怕呈現斷層與真空。

在後續的幾次聚會中，他們下定決心要組織為臺灣高等教育努力的團體，於是「臺灣高等教育產業工會」就此誕生！

我後來因緣際會加入高教工會，結識這群有理想的大學老師，幾次在教育部或勞動部的大門前，有幸與這群老師們一起向政府的高官們發出不平的怒吼，是我投身教育以來最感光榮的時刻。

今天，在新聞報導中看到這群夥伴在教育部前抗議不公平的高教評鑑制度，內心深處那股熱情不禁再度燃起！

THE UNION

在高教工會的成立宣言中有一段文字正足以說明當前臺灣高等教育環境的惡質化：「今日大學被顢頇僵化的國家官僚系統和庸俗的市場機制所牽制，而失去了自主性和整體性。部分大學行政主管階層，屈服於外在權威和利益誘惑，而成為諾諾之輩。他們獨斷地以績效主義的評鑑邏輯和商品化的市場價值治校，使校園成為全控機構和拍賣場的合體。有機知識分子被切割成孤立的原子，如囚犯般被監禁在一間間窄小的牢籠中待價而沽。囚徒困境的理性選擇是，人人自顧不暇、順從宰制並出賣尊嚴以換取蠅頭小利。」

一路南行，中午前到達新蘇澳車站休息，正好遇到政府官員到此視察，平常在傳聞中才會看到的場景，就在我眼前清清楚楚地上演：

先是一群基層員工匆匆走進車站候車室，開始搬動桌椅及簡報板；然後又來了幾個看似中階主管的行政人員，對剛才搬動好的桌椅布置，發出一連串更動命令，於是大家又一陣忙亂把適才擺置好的桌椅重新移動；最後再來了一位高級長官巡視已經布置好的會場，還好沒再說什麼，就是在原地踱步並不時與周邊人員低聲交談。終於，車站外一組車隊駛來引起一陣騷動，原先在車站內守候的這群人趨前迎接寒暄，帶著一群視察的長官走進會場；接著當然就是進行簡報與政治權力之間的攻防了，**報告的人戰戰兢兢，而視察的人則談笑風生；**最後，一大群人又簇擁著前來視察的長官們走出車站，坐上原先的車隊，浩浩蕩蕩地絕塵而去。

一直在旁休息的我，眼睜睜地看著這一幕幕的活動進行，整個過程不過半小時，但已經足夠讓我看盡了臺灣的官場文化。

草草午餐之後，準備進入蘇花公路——這趟徒步旅程中最令我擔憂的路段，全長102.4公里，多數路段都是緊臨太平洋的峭壁懸崖，徒步行走心裡當然更加忐忑。

從新蘇澳車站出發，前行沒多久一轉彎，抬頭就看到蘇花公路起點的指示牌，心頭一緊，接下來的這幾天，大概就是在這條公路上奮鬥了吧！

沒想到才走了幾十公尺，就看到對面車道停下一輛車，隔著馬路向我呼喊：「要搭便車嗎？」我心想奇怪，這不順路啊？

「沒關係，我要往花蓮方向走，不順路，但還是很謝謝您們！」我隔著馬路比手畫腳、大聲回應。

「我們就是要去花蓮，剛才經過看到你的搭便車牌子，特地迴轉回來載你的。」沒想到真的遇到好心人了，趕忙回應謝謝他們。

「我先往前開找地方迴轉，再回來載你，等我一下。」

「好的，謝謝您們！」真不好意思，讓他們在蘇花公路的起點處迴轉。

想不到就在我待在原地等候的同時，竟然有一輛越野吉普車停在我旁邊，車上乘客搖下車窗說：「蘇花公路用走的很危險耶，我們載你搭便車吧！」太幸運了，不到5分鐘，我就遇到兩個這麼有愛心的車主。

「謝謝您們，不用了，剛才也有一輛車子的駕駛先生說要載我，現在他去迴轉，待會就會來了。不過，還是非常謝謝您們！」其實我當下心裡有一點小掙扎：如果剛才那輛車沒有回來，而我又放棄眼前這輛車，豈不兩頭落空？但我又權衡目前情勢：若我搭現在這輛吉普車走了，就辜負了剛才那位車主的好意，這當然不行！寧可兩頭落空，重新再搭其他便車，不然徒步也很符合我的原始初衷。就在與吉普車駕駛先生對話的同時，我腦筋快速思考著，最後決定婉拒吉普車車主好心的邀請。

「那就好，路上小心了，再見。」駕駛先生向我揮揮手，車子繼續上路。

目送吉普車遠去，心裡著實被這麼溫暖的人情味所感動，誰說臺灣人沒人情味？

與朱先生及朱太太合影，不過她可能比較喜歡別人稱她石小姐。

過不到幾分鐘，果然原先的第一輛車回來了，一上車見是一對年輕夫妻，心裡頓生好感。原來，昨晚在冬山國小紮營入睡前，腦中似有一個念頭閃過，預感今天可能會被一對年輕夫妻載搭便車，現在果真實現，太奇妙了！

（後來把這段奇遇po上臉書，朋友們都戲稱我為半仙或道長，能未卜先知。事後想想，這可能是我潛意識的推理所致。畢竟從蘇澳到花蓮這段公路向來以險峻著稱，走這一段公路，若非因公務不得不行，就一定是較具冒險精神的年輕觀光客，而新婚夫妻自行開車飽覽美景的心情肯定又更強烈，遇到夫妻檔的機率較高，故而有此預感吧！）

就這樣搭上朱先生伉儷的車子，跟著他們夫妻兩人一路從蘇澳到花蓮，一口氣走完蘇花公路全程，也欣賞了沿途的山色海景。

只是當我戲稱自己這顆電燈泡實在太亮，可能造成他們夫妻的不便時，他們竟然異口同聲說：「不會啊！我們都老夫老妻了。」原來他們雖然才剛結婚沒幾年，但卻已經認識非常多年了，說得上是一對彼此獨立自主卻又相知相惜的恩愛夫妻。

從蘇澳到花蓮100公里，談笑間已達目的地，尤其當我們談到臺灣近10多年來的諸多亂象時，更同仇敵愾地大罵政府無能，結果3個人相視大笑。最後，朱先生伉儷問明我晚上可能住宿的地點後，還熱心地直接把我送到花蓮的月光寺。衷心祝禱朱先生及石小姐幸福快樂，也希望將來能到嘉義或臺南讓我略盡地主之誼。

去年騎摩托車環島曾造訪月光寺，經覺明師父引介而拜謁了住持妙動師父，雖然無緣掛單，但留下極深印象。今年徒步環島，原先也沒預想再次造訪月光寺，只是當朱先生伉儷問我到花蓮住宿的地點時，腦中自然地就浮現月光寺，心想今年還是沒有事先預約（徒步加搭便車的方式，實在很難預定每天抵達的地點），但再試試此行的機緣也無不可。

今年再次來訪，妙動師父依舊熱情如故，因緣得便，終於讓我得以掛單於月光寺，深覺幸運不已。在大殿禮佛之後隨處參觀，適巧遇見一群師兄師姐正在揉製佛手，大家一邊用心揉製，一邊又在佛典吟唱的背景下細聲交談，偶爾一句玩笑話，也會引得大家會心發笑。讓我想起小時候家境不富裕，母親及外祖母總會批來一些家庭手工聊以補貼家用，那時候的我年紀雖小，也常常混在大人堆裡幫忙撿拾零碎雜工，工作雖單調乏味，但在收音機廣播的背景聲中，我總是能感受到一家人在一起工作的歡樂。這大概就是臺灣本

一群師兄師姐正在揉製佛手，現場氣氛歡樂法喜。

土草根的生命力吧！

每次大型的公開場合，無論是政治造勢、民間活動、寺廟慶典或社會運動，當那些大人物在臺上聲嘶力竭、口沫橫飛地暢談名言口號或人生大道理時，我卻常常將視線落在臺下那一群默不出聲卻神情專注的人們身上，他們才是真正讓我感動的人！所謂的名言口號或是人生道理，倘若沒有了這群默默奉獻付出的人們，口號仍只是口號、道理仍只是道理而已！而眼前的這群師兄、師姐，雖然不會說什麼大道理，但是在他們臉上，我卻看到比任何臺上的公眾人物都令人動容的善良人性。

下午，一位已經從哲學系畢業多年的校友傳來訊息，他一開頭就問：「老師，你現在到花蓮了嗎？」原來他已經關注我這趟環島旅程好些日子了，他估量著我這幾天可能會到花蓮，於是試探性問

兩個不是花蓮的人，卻因為環島而在此相遇。

看看。

「宗翰，托上午一對年輕夫妻之福，讓我搭便車度過蘇花公路，我現在已經在花蓮了。」這樣的對話讓我一度誤以為宗翰是花蓮人，就像前幾天在宜蘭遇見鉅學一樣的情況。不過，接下來的對話就讓我頗驚訝。

「老師，我也在環島，不過是騎機車環島。我從高雄出發，繞過了南臺灣及臺東了，正想這幾天會不會在花蓮遇見你？」原先想不起來宗翰是哪裡人，現在謎底揭曉。

這真是太有趣了！兩個人都在環島，也都不是花蓮人；一個是順時針方向，一個是逆時針方向；一個人騎機車，一個人徒步加搭便車，但卻在花蓮相遇，加上已有數年沒見，所以當宗翰邀我同遊花蓮時，我當然是非常樂意！

於是，一整個下午，宗翰騎著機車載我暢遊花蓮，從吉安慶修院、石雕博物館到四八高地，也吃了在地美食公正包子和戴記扁食，最後趕著在月光寺晚課前回到今晚掛單處。住持妙勳師父破例讓我掛單，雖言不限制我的行動時間，但入境隨俗，不可壞了寺院清修的規矩。

在月光寺外，宗翰依依不捨向我道別，我除了謝謝他今天的伴遊外，也叮嚀他接下來的機車旅程要注意安全。回想幾年的師生情誼，憶起他初入大學時的新生憨態，到碩士畢業前幫老師們處理國科會結案時的幹練，如今他鄉遇故知，其實我內心的喜悅也不亞於宗翰！

July 30th

有緣再相逢

一早起來，盥洗完畢下樓與月光寺的師父們一同做早課及用膳，整個過程簡單肅穆，讓我意外的是早課中除一般的經文外，也包含早報的社論朗讀。細問之下，才知道這是佛光山創辦人星雲大師對弟子的要求，藉此提醒佛光弟子修行不忘度眾的初衷。

早膳完畢，整理行囊，在大殿再次禮佛並告別妙勳師父，步出月寺光，循著地圖所指示方向，沒多久就走出了花蓮市區來到臺9線與臺11線兩條省道的分界點，正想打開手機規劃接下來的路線，卻反而在新聞上看到一則消息，頓時痛心萬分：高中休學學生林冠華同學，疑似因反課綱黑箱的壓力過大，一早驚傳燒炭身亡。

林冠華同學因在反課綱行動中扮演較核心的領頭角色，學校師長與同儕輿論都將焦點加諸在他身上，致使他蒙受較一般學生更多的壓力。試想，這群高中學生為了反抗課綱微調的黑箱作業，挺身而出槓上整個國家官僚機器，其背後所承受的社會、學校及家庭壓力，恐怕早已超出一般人的想像，這樣的壓力就算是成年人都不見得受得了，更何況他們只是一群高中學生？如今，林冠華同學以身殉道，到底反映出怎樣的事實？

想起幾天前在基隆，我才聽到一位司機大哥稱讚這群站出來抗議教育部調整課綱的年輕人，他說年輕人不是為名為利，而是純粹反對不合理的國家政策，這樣的熱血才是我們國家最可貴的精神。如今言猶在耳，卻爆發出這樣的悲劇。

面對全國高中學生的反對聲浪，如果這個政府仍我行我素地毫不理會全國學子們的心聲，辦幾場公聽會也只是為了消弭不同的聲音，既定的政策卻完全不容反駁，試問要這樣的政府做啥？政府行政本為服務人民而設，然若這個行政體系自大妄為到獨裁專制，反而變成壓迫人民的巨大官僚機器，我們為什麼還要忍受這樣的政府部門？

在後續的新聞報導中，我發現不論是教育部或各高中學校，都以自殺防治、情緒管理、抗壓輔導等名義來詮釋林同學的燒炭訊息。林冠華同學的心聲，到底有多少人聽到了？

我只能無語對蒼天。

頂著東臺灣的烈陽，在臺9線省道上走了近兩個小時，終於有車子從後方緩緩駛近停在我旁邊，根據以往的經驗，這輛車八成是要讓我搭便車，於是我把遮陽的雨傘收起來，準備與車主對話。當車窗搖下來時，我卻看到昨日從蘇澳載我來花蓮的朱先生伉儷，兩個人在車內似乎已經笑到快彎不起腰了，可見我們真的很有緣。

「謝老師，要不要再載你一程啊？」石小姐一邊開口邀請我，但一邊又掩不住笑意。

「謝謝您們！可是昨天才讓您們從蘇澳載到花蓮，今天如果再讓您們載到臺東，這一趟環島的行程豈非太便宜我了？」雖然日正

當中、熱不可擋，但是連續兩天搭同一輛車，實在也太不長進了，只好笑說不用。

看著朱先生伉儷的車子遠離，心裡也覺得與這對夫妻的緣分頗深，這樣的巧合應該不多見。不過，這個推論的邏輯隨即在今天午後就被另一位車主陳先生一家人打破——東臺灣的主要交通幹道，不是臺9線就是臺11線，而許多開車出遊的觀光客都行駛在這兩條省道上，在相同的方向及相同的省道上，相遇兩次的機會其實也不是很低啊！

頂著烈日繼續走，幸好又遇到陳先生一家5口，更感謝陳太太擠身到後座，騰出前座讓我這個滿身臭汗的行腳人坐在前面。根據陳太太的說法，他們一家人是為了小朋友的暑假作業出遊，而且剛才也是小朋友發現了我背上搭便車的牌子，央求大人停下來載我。真的謝謝陳小弟弟了，雖然才短暫10分鐘順路車程，已讓我這雙走了一上午的腳舒緩不少。

其後接連兩趟便車，竟然讓我到了富里！花蓮人的人情味真的太濃郁了——要註明的是，這兩次的便車都是在地的花蓮人，不是到東臺灣旅遊的觀光客喔！

先是從鳳林到瑞穗的路上，遇到林先生伉儷帶著小朋友要去瑞穗農場看牛，而讓我有了順路之便。

從瑞穗往舞鶴方向走，在山道上又遇到了開著吉普車的彭老先生，不僅載我經過了舞鶴，還轉進到玉里他家參觀，特別端出他親手栽種出來的米飯請我吃，而彭老先生太急於要我品嘗他親種的米，裝了一大碗飯請我吃卻忘了沒有任何下飯的菜，真是可愛的老

彭老先生的有機米。

人家。

現年68歲的彭老先生非常健談，他一輩子務農，但在40歲時因施用農藥不慎而兩次中毒，從此轉型有機無毒農業，並連續6年到嘉義大學進修，目前不僅是玉里的三民里里長與地方文化解說員，而且在部落大學客串講師，這些年提供大學生打工換宿，與各大學的教授保持良好的合作關係。我深切體會到他生命的多彩多姿，大概也因為有著這樣的生命力，才會隨處撿了一個徒步環島的人就載回家。

離開彭老先生家，他再度開車載我到省道上，途中兩人話題不斷，讓彭老先生多次延後讓我下車的地點，最後好客的他甚至說要留我下來吃飯。他似乎忘了剛才在他家已經請我吃了一大碗白米飯了，這樣的盛情實在讓異鄉的我感動莫名。一路說說談談，竟然不知不覺就到了富里，依著彭老先生的性子，他還想再往前開，經我

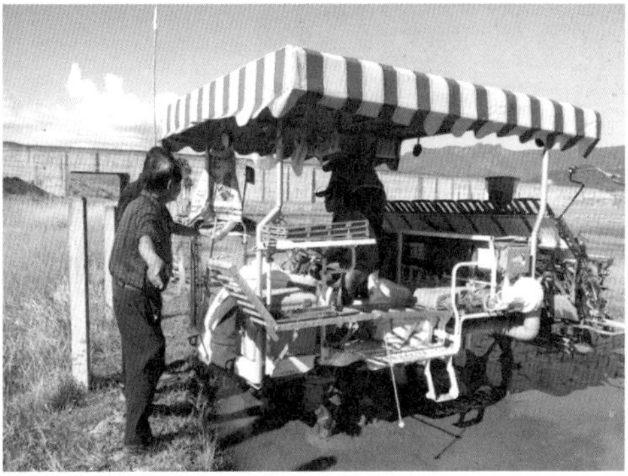

離開前，在彭老先生兒子的幫忙下，我還親身體驗耕耘機的操作。

再三勸阻，他才依依不捨放我下車。

臉書上的朋友一片譁然，直呼走太快了，甚至有人提出：「這樣根本不算走路環島啦！沒有用腳體驗每一寸土地，我覺得你回南華打卡後，半個小時後再度出發，再重新來一次，這樣才有誠意。」（標註一下，這是摯友文柏老師出的主意，根本就是看別人喝熱湯——喊燒！）顯然大家對我這趟「搭便車環島」的速度進展太快頗有意見。雖說心急吃不了熱豆腐，但我真的沒有趕路！搭便車這種事情，實在不是我能決定，我只能說臺灣的人情味與善良，遠遠超出我原先的想像。

當初決定搭便車環島，一方面固然是顧慮到全程徒步的時間（一趟下來至少需60天）與體力（這些朋友也不想想我已經是50歲的「老人」了）均不允許的狀況，再一方面也是希望透過搭便車的

方式，多認識一些新朋友與多了解一些在地的風土民情。想想，我這把年紀了，還跟年輕人逞什麼強呢？環島對我而言，當然不是旅遊而已，但它也不是為了練體力或鍛鍊意志力之類的熱血理由，**透過獨自一人的徒步，我想要更加認識自己；而搭便車，則是希望透過接觸不同的人群，體會人性冷暖的真實面向。**這正是我的初衷，幸運的是，這分初衷也是讓這趟環島旅程進展這麼快的原因——認識了更多的朋友！

在富里告辭了彭老先生，看著他調轉車子回玉里，心下頗有些感觸，而有上述在臉書上與朋友的對話。看看時間，大概也不容許再趕路了，今晚預計就走到富里國小過夜。誰知走不到一個小時，我就發現前方路旁停著一輛車，全家人都站在車外，似乎在休息，但更像在等人，定眼仔細看，原來是中午載我到鳳林的陳先生一家人。

「這麼巧，又見面了。」我走近上前打招呼。

「不是巧，是我們全家在這裡等你10多分鐘了。」陳太太看我滿臉疑惑，幫我解答，「剛剛我們開車經過前面的餐廳時就看到你了，又往前開了一會，全家都說停下來再載你一次，所以就停在路邊等你啊！」

「那怎麼好意思，中午已經讓您們載過一程了。」這時的我想到上午遇見朱先生伉儷的情境——在這條省道上，遇見兩次的機率原來還真的滿高的。

「沒關係，你看，我都已經把座位調整好了，前座還是讓你坐。」她已經把前座的位子刻意拉大空間，並且在座位上鋪好坐墊。原來細心的陳太太發現中午載我時，我和我的背包行李很窘迫

地擠在前座，在等待我走過來的時間，她已經將座位調整到讓我比較舒適的配置了。

「那我就再叨擾一次了，不好意思，又要讓您們擠在後座了。」這樣的盛情實在很難拒絕。但我真的非常不好意思，為了讓我坐在前座，後座就得擠著陳爸爸、陳媽媽、陳小弟和陳太太4個人。

「沒關係，他們都很瘦啦！」半天沒說話的陳先生，突然很幽默地說。

一路上與陳先生一家人話題聊開了，他們都對大學的哲學系上什麼課程有高度的興趣，於是我就在富里到臺東的車程中，委屈陳先生一家人聽我這個好為人師的流浪者講一個多小時的哲學及當前臺灣教育的未來改革。

沿途幾次停車休息，都是為了陳爸爸，他老人家已高壽近80歲了，但耳朵重聽且身體狀況不佳，陳先生夫妻侍奉父親至孝，停車休息都是為讓陳爸爸下車活動和上廁所。當我看著陳太太攙扶著陳爸爸下車時，陳先生跟我說：「不好意思，擔誤你時間。」我把已經溼潤的眼睛轉向地面，低著頭怔怔地說不出話來，好不容易才擠出一句：「沒關係，其實是我不好意思。」**剛才那位高談臺灣哲學教育的老師，在殷勤孝順的陳先生伉儷面前，實在猥瑣至極啊！**

最後，在臺東的鐵花村，我與陳先生一家人告別，看著他們一家和樂的身影，真心為他們感到欣喜，並祝禱他們全家平安喜樂。

不期然這麼快來到臺東，在鐵花村附近繞了一圈，見沒有適合的國小可借宿，於是google附近的背包客民宿，打電話預約之後，按圖索驥找到這家隱身於小巷弄的民宿。

民宿老闆的女友竟然知道我曾進行過行動咖啡的哲學實驗。

從落地窗外向內看，是一間頗有設計感的小型青年民宿。民宿主人出來接待並招呼我入內，在登記入宿姓名資料時，一旁民宿主人的女友聽到我的名字時突然問出一句話，讓我大吃了一驚。

「**你現在還有在賣咖啡嗎？**」她問道。經我細問之下，才知道她曾輔修哲學系，以前聽過其他老師或朋友說過我的名字，所以知道我曾在臺南府城進行過行動咖啡的哲學實驗（詳情見拙著《府城街角的哲學香：大學教授的鐵馬咖啡攤日記》）。凡走過必留下痕跡，這句話說得一點不錯，我都已經遠走他鄉到臺東了，竟然還會遇見哲學咖啡的同好，看來今晚必有一場豐富有趣的哲學對話了。

July 31st

年輕的生命

昨夜因林冠華同學死諫事件開始談起，在青年民宿裡與民宿主人及幾位青年朋友憂談臺灣目前局勢。

民宿主人阿升是極有思想見地的年輕人，他立基於整個人類文明進展的起伏更迭，從戰後嬰兒潮開始談起，看當前臺灣少子化、經濟衰退、年輕人競爭力低落的原因，在於「趨勢如此」！（阿升也因此看破社會變遷，從繁華的臺北都會搬到東臺灣的這個小城市中創辦這家民宿，求的也只是在亂世中的苟全而已。）

當然，文明更迭自有其內在規律與趨勢，甚至當我們遠推至整個大自然的運行時，個體的渺小性更加暴露無遺。因此，常有一些智慧人士以「放下」為名，要我們捨棄當下一己之得失，放眼整個人類文明或自然變化，任何當下的起伏迭宕，從事後或宏觀立場而論，不過都如過眼雲煙般不足掛懷。但是，這樣的智慧名言是否也阻礙或否定了我們當下的所有努力與付出呢？這恐怕就不易分說了吧！

古今多少哲學家論及時間對自然變化的影響，皆言小至個人生理的變化，大至整個宇宙的演化，無不在時間的流動中呈現。**從微**

觀處入手，則「天地曾不能以一瞬」，而從巨觀處著眼，則「物與我皆無盡也」。在大與小之間的辯證中，恐怕沒有人能給我們一個最合理的平衡位置，因此一味從小處計較固然不恰當，但若一味從大處著眼，似乎也失之公允。

所以，對於阿升所言，雖然我能理解其思想的深刻喻意，但我不能同意的是：這樣的趨勢分析，卻常常是主政者卸責的藉口。當主政者蓄意從單一視角觀點曉喻眾人之時，雖不能說完全沒有道理，但卻掩蓋了事件本身的多元視角，讓民眾無法看到其他可能的觀點——甚至在人類文明進展的過程中，就曾多次出現非主流觀點逆轉主流趨勢的革命轉捩點。

像阿升這樣深具思想性的年輕人，看透了臺灣社會的頹壞局勢，不想再摻和政治與社會議題，而自己躲進一套以巨觀宏論為理由的哲學思想中，**不正是當代年輕人無力感的最佳佐證嗎？**

今晨晚起，到附近傳統市場繞繞順便吃早餐。當我看到市場裡那種旺盛的草根性與生命力，再回想昨夜的談話內容，心裡突然感觸萬千——臺灣人民並不是沒有生命力，社會環境也算安居樂業，但臺灣的發展何以讓許許多多的年輕人找不到安駐與發揮的空間？原因無他——單一價值觀的僵化社會氛圍，以及主政者短視近利的錯誤政策，然後再加上這一代既得利益者的階級自我複製！於是，就成了我們所熟稔的臺灣社會。

離開民宿，循著地圖所指示方向，沒多久就走出了臺東市區來到濱海公路，眼前一片湛藍的大海，襯著燦爛的陽光，遙望太平洋遼闊無垠的波瀾，果然是東臺灣海岸所獨有的華麗想像。正想將

我在市場看到臺灣旺盛的草根性與生命力。

眼前這片壯闊的海景與朋友們分享，卻反而在臉書上看到這一篇文章：〈大學老師被逼走，升等和評鑑如何搞垮高教？〉，文章中提到：

「不用等到少子化浪潮來襲，大學早已千瘡百孔，一場場高教悲劇，正在各大學上演。其中尤以限年升等條款和評鑑制度最為人詬病。限年升等，幾乎成了許多大學老師的惡夢，不僅尊嚴掃地、學生的受教權也跟著賠掉。」

一句「大學早已千瘡百孔」直接戳破了我投身高等教育15年來的理想。

從臺東沿著臺9線繼續往南走，接連遇見幾輛善心便車，讓我順利到達大武。

先是在知本溪橋上遇見一輛重金屬音樂震天的炫車。當它停

雖然我不是什麼優秀教師（但好歹也得過幾次教師獎），但這幾年來的高等教育評鑑、教卓計畫、教師評鑑、KPI……，的確已經讓我萌生「不如歸去」的念頭。

之所以還留在教學崗位上，是因為覺得自己尚有可貢獻之處（例如：引導同學對當前不公義的社會進行批判思考）。但是，依目前高等教育沉淪的速度（例如：各大學競相向教育部示忠而喪失主體性的狀況，或各私立大學與部分國立大學的惡性招生競爭情形，更不用說各大學為求良好績效的造假文化早已悖離教育的本質），我大概撐不到看見教育改善的時刻了，要不是因未配合學校政策，遭冠上各種不良教師的汙名而不被續聘或解聘，就可能是自己實在無法再昧著良心在課堂上教一套，但在執行各類KPI時又是另一套標準，而自行離職或申請提早退休。

總之，當這股高教沉淪的力量大到讓我覺得「教育已不是教育」時，大概就是我離開教育工作的時候了——我甚至覺得這個時刻似乎不遠了。

在我旁邊時，著實讓我嚇了一跳，雖然橋上的行車不多，但它就這麼大剌剌停在馬路中央，車內乘客向我大聲問道：「要不要搭便車？」我快速掃視車內乘客的面貌，連同駕駛共4位，都是年輕人——嗯，就是那種很炫的年輕人。

我第一個念頭就是疑惑這麼酷炫的年輕人怎麼會想要載我這種環島老頭子，但又心想這是難得的經驗，於是話不多説道了謝謝就趕快上車，畢竟這是在橋上的大馬路中。

原來他們4位是在臺南念大學的學生，趁暑假開車環半島，從臺南出發，經中横到花蓮再南下，然後就在知本看到我了。我問他們出發幾天了、預計幾天回到臺南，沒料到他們竟是臨時決定，昨天才從臺南出發，今天就要回臺南了。一天一夜環半個臺灣，果然是年輕人會做的事啊！

4個大男生問明了我環島的路線後，都説要直接載我到臺南，但是這樣一來我的環島行程就太快了，快得讓我都來不及欣賞沿途美景了，我只能請他們在下個休憩地點把我放下來。於是不到半個小時，我就已經站在太麻里外環道路的7-11前了。

坐在超商裡回想適才匆匆相遇的4個年輕人，讓我聯想到昨天的民宿主人阿升，然後又想到林冠華同學及最近如火如荼向教育部抗議的學生們。不作比較也不能比較，他們各自有他們自己不同的生命類型，但我知道，**他們擁有相同的年輕生命，他們的未來充滿各種新奇與未知的挑戰，而我們這一代人的責任，就是確保他們可以擁有自由揮灑的空間，而不是把他們塑造成同一種面貌。**

離開太麻里繼續往南走，又遇見了莊、陳兩位工程師，他們

因公要到金崙出差，看到我身上搭便車的牌子就停下來順道載我一程。下車時，他們好心告訴我金崙溫泉很有名，不妨考量今天在此住宿。但是，我看天色尚早，而且今天幾乎都在搭便車，總覺得還可以再走幾公里，於是又再度揹起背包前行。沒想到，又遇見了吳、王兩位大學生，他們在高雄念書，這個暑假在臺東實習，他們開著工作車，經過我身旁時特地迴轉來問我是否搭便車——今天怎麼這麼幸運，接連幾趟便車，幾乎沒有徒步走路的機會！

看著吳、王兩位似是情侶又像同學，我也不好發問，只是與我合照上傳臉書後，他們的朋友竟然回應說我長得像臺北市長柯P。談話之際，轉眼經過多良車站、瀧溪，直奔大武而來，我請求在此下車。於是，我終於來到這個聞名已久，但從未到訪的大武鄉。

在大武下車，馬上就在大武國小找到今晚紮營的地方。正值傍晚時分，信步走到海邊，發現一個奇特的現象：當我看著海上一輪明月升起時，一轉身卻看到山的盡頭有一抹夕陽正要下山，當下突然有些錯亂，夕照不是在海邊嗎，怎麼跑到山邊了？哈！原來這是臺灣西部人的觀景慣性所造成的錯亂感，而這裡是東臺灣啊！

August 1st

日出東方

昨夜月出海面，繁星點點，偌大的海灘上只有我一人獨自漫步，抬頭遠眺，萬里無雲，更顯得月色皎潔，圓熟的滿月倒映海面，在黑暗中隨著萬頃碧波粼粼閃耀，收回目光低下頭，腳邊的浪花層層疊疊地捲起千堆雪，波濤聲此起彼落迴響耳邊，一時帶我走進年少時對濤聲的記憶。

20不到的慘綠少年，初入大學之門，第一次走過學校女生宿舍外的小徑，在初秋沁涼的夜晚，耳邊傳來一陣陣浪濤聲，心裡納悶學校在山上何來濤聲，原來是宿舍外那整片松林，隨著夜風吹拂，松針摩娑起舞相互搓動發出的聲音，莫非是傳言中的「秋聲」，豈不聞歐陽脩〈秋聲賦〉中有云：「初淅瀝以蕭颯，忽奔騰而砰湃；如波濤夜驚，風雨驟至。其觸於物也，鏦鏦錚錚，金鐵皆鳴；又如赴敵之兵，銜枚疾走，不聞號令，但聞人馬之行聲。」走到宿舍大門，抬頭一看，宿舍名曰「松濤」，在我大學生涯烙下極深的印象。

經歷30年的歲月輪轉，再次聽到濤聲，但少年子弟江湖老，心境也不再是那初聽濤聲正躍躍欲入江湖的豪壯心胸。如今在波瀾壯

看著太平洋這片大海不免聯想到人間世這片苦海。

闊的太平洋此岸，耳中雖同樣迴盪著奔騰澎湃的浪濤聲，但心中所想卻不是海浪與松葉，而是芸芸眾生在這個人世間不斷翻騰、相互碰撞所激盪的「濤聲」，這裡面蘊含著多少生命的喜悅與哀愁，它們共同形成了這個多彩多姿但也複雜多變的「人間世」啊！

回到大武國小。相同的東臺灣、一樣的徒步行程，20多年前在花蓮豐濱國小操場所看到的夏夜星空，現在幾乎完整重現於我眼前，在黑暗而寂靜無人的校園中，只有月光灑滿我全身，伴我踱步沉思。

今晨在微冷的空氣中醒來，一個人站在微涼的海邊，凝視朝日初出的剎那，晨曦出海，光芒乍現，照耀萬頃海洋，這才驚覺到眼前這大片的海洋，每一道閃耀光芒，都是來自數也數不清的盪漾波動。我被眼前的美景震懾不已，心裡幾乎吶喊著：偉大的阿波羅

啊！也唯有祢這雄偉的光芒，才能毫無遺漏地照耀這億萬頃水波，使之閃動出億萬點粼耀波光，而同時匯聚成整片大洋氣勢壯闊的光亮啊！

對長年生活在西臺灣的我而言，這真是難得的經驗，可惜忘了拍照下來，只能永存心裡，作一輩子的記憶了。

今天上午預計到達仁拜訪南迴健康促進關懷服務協會，下午可能要在南迴公路上找地方過夜。

從大武出發，走了約兩小時，終於遇到願意停下來載我的人，但車內只有一位單身女性，心想她怎麼不怕載到壞人。不過坐上車後她遞了一張名片給我，才知道她在高雄經營按摩店，言語間還希望我以後有空去捧場，這下子我終於知道該害怕的人是我才對。還好，在達仁順利下車了，手裡還拿著她的名片，雖說防人之心不可

無，但會不會是我反應過度，或許人家的按摩店是正派經營的啊？

來到達仁，當然一定要去造訪徐超斌醫師所創辦的南迴基金會，去年摩托車環島時，因為在南迴段摔車造成內心不小的衝擊，以致騎經達仁鄉時竟然錯過了造訪基金會，今年不能再錯過了。

查明了南迴基金會的地址，依著地圖走到了基金會，卻只見大門深鎖，不得其門而入。看著大門口的布告欄才知道今天是巡迴醫療的時段，這也難怪，超過100公里長的南迴公路，完全沒有任何醫院，靠的僅是眼前這間小小的醫療站，徐醫師的想法就是：既然病患來求診不方便，那自己就主動去巡迴。但100多公里的南迴醫療全落在他一個人身上，致使徐醫生後來因過度勞累而半身中風，可是他仍然堅持巡迴醫療為鄉民服務，而贏得「超人醫生」及「單手史懷哲」等美名。

曾有人問徐醫師作為偏鄉衛生所的醫生何必如此拚命，他才道出了小時候的一段經歷：在7歲那年，他的二妹因為麻疹引發肺炎，送至最近的醫院要花上半天的時間，最終二妹延誤就醫而不治，他永遠記得父親的哭喊：「對不起啊！女兒！是爸爸耽擱了妳，醫院太遠了！」當時他就暗自發誓終其一生都要盡己所能地實現醫療照護的公平與正義。所以他在醫學院畢業後在奇美醫院急診部服務，為的就是累積自己內外科兼修的醫療能力再回鄉服務。

但是一個人的力量實在太有限了，南迴當地的青壯年人口嚴重外移，產業發展停滯，留下來的多是弱勢家庭或是獨居老人，加上交通不便、人口稀少等因素，當地人看醫生流行一句話：「小病等待自然痊癒，大病等待巡迴醫療。」想想當地的弱勢家庭與獨居老

人，他們所繳交的健保費與都市人無異，但為何卻沒享有與都市人同等品質的醫療服務？所以在南迴路段建一間醫院成為他們共同的願望。

於是，2010年6月，徐醫師先創立了「社團法人臺東縣南迴健康促進關懷服務協會」，然後依著《公益勸募條例》，2012年他又設立了「醫療財團法人南迴基金會」進行募款，希望能建立一間南迴醫院，改善部落的老人照護與兒童教育環境，提供定期的巡迴看診、老人關懷、居家照顧等等服務。為了募款，徐醫師還差點失掉了公務人員的身分，但他仍堅持著這個「南迴大夢」，正如他所說的：「南迴醫院，不是因為我想，也不是因為我要，而是因為我看見了需要！」

可惜又與南迴基金會失之交臂，只好離開達仁，繼續南行。南迴公路跟蘇花公路一樣長100多公里，雖然不及蘇花公路那樣險峻，但其中也有約50公里是在山區，蜿蜒狹窄的道路更是時常車禍的主因，去年的摩托車之行，就是在這個路段摔車受傷。

如同經過蘇花公路時一樣的幸運，一進入山區就遇到了臺南的同鄉陳先生，開著南化養蜂產銷班的貨卡車，見我一個人走在南迴公路上，想著山路難行怕我出意外，就停在路邊等我走近，指著我背後的搭便車牌子，打招呼說：「需要我載你嗎？」我非常高興地搭上他的便車，不然我還在擔憂如何走過這50多公里的山路呢。

陳先生每週來回在這條公路至少兩趟，熟悉路況車速自然就不慢，許多彎道與狹隘的路段，陳先生都談笑自若輕鬆駛過，只是對我這個都市土包子而言，坐在貨卡車的前座視野開闊又極具臨場

（左）林大姐請喝咖啡，單看拉花就知道功力深厚。（右）在半路上撿到我這個流浪漢，似乎讓他們心情大好，林大姐索性下午咖啡攤也不做生意了，我們就相偕到茂林國家公園暢遊一番。

感，看得我是心驚肉跳。陳先生一路載我過南迴經楓港到了水底寮，若不是我一直推辭婉謝，他真的想把我直接載回臺南，在陳先生身上，我看到了臺灣人質樸實在的人性。

走到佳冬時發生了一段巧遇，也讓我暢遊了一下午。

原來，今天是林大姐與羅大哥的老朋友姚大姐從高樹來佳冬看他們，中午他們一起出去吃飯，回程時看到路旁一個年老的流浪漢孤身一人，背包上竟然還掛著一張「搭便車環島」的牌子，看上去感覺很可憐，於是他們回頭來載他——當然，這個他們口中的老人就是我了，真奇怪，我的背影看起來很老嗎？

結果一上車，他們就知道看錯了年齡，而且這個流浪漢一點也不可憐，於是一段新奇的緣分就此展開了。

跟著3位大哥大姐遊玩了一整個下午，晚上他們3位的唱歌興致

與林大姐、姚大姐合影。

一來，還帶著我一起去唱卡拉OK，對我這個五音不全的人來說，這活動明顯曝露我的弱點，不過看著他們盡興高歌，充當點歌器與鼓掌大隊就是我的本分啊！

今晚借宿在高樹姚大姐家中，他們3位計畫明早要去爬山，我心想他們年紀並不老，這樣的退休生活真的太愜意了。其實一天互動下來，我大致可以了解他們的生活僅是溫飽而已，但這樣樂天知命的開朗個性，或許才是我們4個人一見如故的原因吧！**而這一切的機緣都只是從搭便車開始。**

August 2nd

近鄉情怯

原擬今早4人要一起去爬山，但昨晚大概是過於興奮，似乎每個人都睡得不穩妥，而睡了幾天帳篷的我，突然睡在軟床墊上，好像也不太能適應。既然大家都晚起，加上林大姐還是記掛著她的咖啡店，所以爬山之行即告取消。

不過，大家原打算吃過早餐後，就各自解散回歸原位，但是一邊吃早餐，4人話匣又打開了，針對當前臺灣的諸多社會亂象開罵，有些還是我第一次聽聞的事，例如聊天中提到前幾年低收入者獲得補助減低其健保費，就是來自香菸健康捐的專款專用，但近幾年來該補助已取消，健康捐卻反而提高，讓我們不禁納悶這些多收取的費用到底都花到哪裡去了。

與3位大哥大姐一見如故，似乎有聊不完的話題，但終須一別，感謝姚大姐專程開車送我回到臺1線省道，繼續上路。

從高雄北端接上臺1線繼續向北前進，環島之行將近尾聲，從嘉義出發北上，繞過北海岸後南行，如今走完南迴公路後又是北行，眼看著夏日的灼陽從左到右、再從右到左，周而復始循環不已，就像人生的走馬燈一般。

從高雄走到臺南，若不搭車恐怕需走兩天才能到達，但我也不心急，畢竟這一路遇到善心車主的機會實在不低。心裡雖這麼想，但事與願違，從橋頭、岡山，走到路竹，走了一個上午近4個小時都沒有遇見有緣人，難道搭便車的運氣會隨著愈來愈接近終點而減弱嗎？

終於在路竹遇見一位高雄海洋大學的女學生，騎著機車停在我旁邊，問我說：「我可以用機車載你嗎？」其實我早注意到她，大約在半個鐘頭前，她曾經停在我走過的路旁好奇看著這個徒步環島者，猜想當時她的內心大概是在「載」與「不載」之間天人交戰吧，後來看她騎車繼續往前，我也不以為意，沒想到她竟然等在路旁。

「好的，謝謝您！」這趟旅程我已經有多次被機車載的經驗，當下也不客氣。

「我要到臺南，你要到哪裡？」她很爽快地說出她的目的地。

「謝謝您，本來我也是預計走到臺南，不過現在時候還早，我想先到奇美博物館。可以麻煩您順路把我放下來就可以了。」近鄉情怯啊，還是慢慢地返回家門。

謝謝這位高海大的女同學，把我從路竹一路載到奇美博物館，下車時她還要求與我——背上的搭便車環島招牌合影，也算留個紀念吧！

坐在奇美博物館前的長椅休息，看著廣場上人潮湧擠，真的與去年的光景大不相同。去年騎摩托車環島從臺南出發南行，第一個休憩地點就是奇美博物館，當時主建築雖已落成，但周邊設施尚未完備，所以還沒對外開放。而我就坐在湖邊，寂寥地面對鴨群吃著

攝於奇美博物館。

午餐，如今這裡卻已經是人聲鼎沸了。

其實，早在10多年前，奇美博物館仍在奇美工廠實業大樓舊址時，我就曾參觀過內部的館藏了，對其小提琴收藏記憶最深刻。後來，我在公視的紀錄片《稻田裡的音符》，看到館藏的小提琴出借給了那些具音樂天賦卻買不起名琴的小孩子，更讓我對奇美博物館的主人許文龍先生抱持十分敬意。2015年博物館遷建至現在的臺南都會公園，許文龍先生更將這座耗資13億新臺幣的博物館捐給臺南市政府，並成立奇美基金會管理他的所有收藏，不作為私人財產。他說：「人的生命有限，能擁有藝術品的時間很短，所有館藏都應是公有資產。」其廣闊的心胸與無私的精神為常人所不及啊！

August 3rd

臺灣實在太小了

昨天返抵家門時已是黃昏與夜晚交接之際，門鈴聲一響，聽得家人的呼喊：「誰啊？」在環繞了將近一圈臺灣之後，第一次聽到家人的聲音，心裡好像也沒有什麼特別的感受，難道古人云「近鄉情怯」所言為虛？

「我回來了！」隔著大門也叫喊著回應。這樣的對話與平日無異，就像平常我從學校回家一樣。

接下來的生活作息也與平常沒有兩樣，似乎一切都沒有改變過。當下只有一個直覺——**離家還不夠遠，也不夠久！**如同去年的摩托車環島之行一樣，在繞過東臺灣後，就開始有「走在返家途中」的錯覺，所以短短2、3週的行程，大概只有前一週有「出發流浪」的豪情壯志，過後就開始有「要回家了」的心情。**「臺灣實在太小了！」**是兩次的環島經驗給我的感受，總是在順時針或逆時針的環島路線上，想來一次真正的「無目的性」漫遊實在太難了！

「臺灣實在太小了！」走了近兩圈的臺灣，所得到的竟然是這樣的結論，這個念頭一直縈繞在我腦海中揮之不去。

是啊，臺灣實在太小了，所以一大群人聚在這座島嶼上，擁擠地搶著、爭著那些蠅頭小利與排行名次，生怕輸在起跑點，又怕

未來沒前途，於是目光如豆只盯著眼前可直接攫取的利益。以臺灣的教育為例，我們真的耗費太多時間在學習「正規教育」中所規定的內容，還要求受教育者大量反覆練習這些內容。孩子們一再被告誡：光是理解教科書上的知識是不夠的，還要快速有效地給出考試所要求的正確答案。所以，同樣的一個問題，考一次、考兩次、考無數次，就為了讓它的標準答案深烙在腦袋裡，直至考試時可以不假思索地寫下來。

雖說學習是一輩子的事，但是我們真的花太多時間接受所謂的「速度訓練」，而非真正理解內容，只不過是為了求取多一點分數，然後可以在各種考試（小至班級段考，大至升學或國家考試）中名列前茅，把別人擠到後面的名次，以凸顯自己的重要性或提高入選的機率。更有意思的是，當絕大多數的受教育者都默然接受了這套競爭邏輯時，手掌教育資源分配的執政者當然就更加熱中把這套「正規教育」當為洗腦的手段及政策宣導的工具。

很明顯地，**臺灣的各種競爭，都是在爭表面排名，而非爭實質內涵的高下**。在這麼小的島嶼上，當人與人之間的利益分配產生衝突時，最常用的解決之道，不就是看誰有資格擁有較多的利益或資源嗎？於是學生爭分數排名、國高中學校爭升學率排名、各大學爭頂尖大學與教學卓越計畫排名……，莫不如此。

教育資源如此，國家資源如此，社會資源亦復如此。當表面效益大於實質內涵時，我們也就不難理解為何臺灣的黑心油與黑心商品如此猖獗！也更能了解近幾十年來的政治與社會亂象從何而生了！

August 4th

把孤獨留給自己

在家休息了一天，準備再次踏上旅途，心境複雜無比——**明明都已經走回家了，但環島旅途卻還未結束。**

再次離家，父親騎機車載我到省道上，想為我節省一些腳力，雖然我一直說可以下車了，但是父親總想把我載得更遠一些而一直往前行駛，我想這是父親對我的不捨。坐在機車後座，看著父親的背影，不禁想起大學時期每次從臺北返家，父親總是騎著機車到臺南火車站載我，回家途中他都會多繞一些路，告訴我哪裡蓋新樓房了、哪裡馬路拓寬了、哪裡又有新開的商店了……，而最後他總是會繞到那家我最喜愛的炒鱔魚意麵店停下來，問我要不要來一盤家鄉味。這是父親對我關愛的表現方式，現在我也已經為人父親了，我更能體會在他不擅言辭的背後，對我永遠的不捨與關愛。

辭別了父親，站在北臺南臺1線省道路旁，我往道路的盡頭望去，從臺南到嘉義這80、90公里的最後一段環島路程，有著太多的記憶與熟悉的事物，因此我打算不再搭便車，就用雙腳親吻這片長期以來一直滋養我的土地。

在善化的小新國小，遇上一對老夫婦，看我在烈日下走路心生

（左）今天避開省道，特別走上產業道路，雖然更貼近了在地，但沿路皆無遮蔭，可苦了我。不過，如此一來比走在省道上有趣多了，有了那麼些鄉村味。（右）拔林車站是僅停靠區間車的小站。

不捨，特別回家拿礦泉水來給我。

走了一整天，也才走20多公里，但腳已經在抗議了，只好趕緊找今晚的住宿地點。來到拔林，這個在火車通勤時常聽到的站名，誰想竟是如此偏僻的小村落，走到車站一看，原來是無人管理的小站。還好有渡拔國小，從名字看來，應是渡仔頭與拔林兩村共有的小學。

走了一天了，今晚就早睡吧！

出門前卸下這面「搭便車環島」的牌子，我在臉書上留言：「剩下的旅程，請所有關心我的朋友們見諒了，因為我打算將這段旅程的孤獨都留給自己。」

感謝這一路上願意讓我搭一程便車的朋友們，謝謝您們不嫌棄我這個滿身汗臭的流浪者；也感謝在整個環島過程裡，那些在臉書上一直為我打氣加油、提供資訊（或餿主意）的朋友們，有您們的陪伴，讓我在一個人的漫遊過程中不覺得孤單。更感謝沿路上所遇見的一切事物，那些我曾紮營住宿過的國小，或是走累了在路旁小憩的騎樓屋簷；不論是捲起滿天塵沙的大卡車，或是與我擦身而過的路人，還有大雨過後的碧綠青山、萬里無雲的滿天星斗、壯闊的日出奇景與沉靜的海上明月……我都將永誌不會忘懷。謝謝您們豐富了我的生命！

August 5th

哲思漫步

這兩天的徒步，由於已不再記掛著搭便車，常常走著走著就陷入了沉思的忘我狀態。最常出現的念頭，除了對家人的掛念外，也有對下任南華大學校長的治校建言（例如：減少招生名額以建立學校特色、勿再制訂不合理的KPI、勿迷失於現今造假浮誇的表面評鑑、用真誠的辦學理念重建師生對學校的信心等），更有對臺灣高教與技職的分割政策（高教理念的獨立性與技職體系的職業化導向，二者早已混淆了臺灣所有學子的學習目標）、貧富階級複製的補償性福利政策（房屋低價政策、勞工薪資與權利的最低保障等）的質疑，以及對人類文明進展的哲學思考（一切的人為努力僅為當時的政策改革，但一得必有一失，改革現行缺失後，也必帶來另一缺失，須時時謹記於此，毋須為改革而喪失自我最終極之哲思）……，雖是不成熟地胡思亂想，但卻真實地讓我體驗到這次徒步環島的孤獨哲思之趣。

走得專心，不知不覺看著太陽下山了，才發現自己處在有趣的兩難情況：現在是下午6點半，距離南華大學已不遠，約20公里，徒步需4至5小時，如果加把勁，今晚就可以回學校了。這個想法雖

環島之行的最後徒步，充滿哲思之趣。

然可行，但到達學校就要半夜11點了，且今天走了30多公里，早已超出體力負荷。但若不趕回學校，就得在附近找地方過夜，可是幾乎已到嘉義市了，從以往經驗知道都市裡的國小借宿不易。心裡兩難，但也沒能立即下定論，只好先走一步算一步。

一個小時後我到達嘉義火車站已疲憊不堪，雖然心有不甘，但還是決定找民宿或旅社投宿（都已經到嘉義了還花錢住宿）。打電話問了幾家，最後找了一家車站附近的旅店（義興旅館，非假日才600元，真的便宜），房間乾淨且正派經營，覺得自己運氣不錯。第一次在嘉義市區住旅社，頗感新奇。

August 6th

生命存在的真理

經過3個小時的奮戰，終於走到民雄車站，這是我此次環島的起點，也是終點。結束了！整個環臺旅程終於結束了！但真的結束了嗎？一切緣起的初衷是否仍在？或是隨著旅程的結束而消失？

老同學葉蓉樺問道：「難道我們只能被動地在既定的規則中繼續生活？難道我們不能再做些什麼嗎？」

哲學思考提出的第一個問題，就是：「我是誰？」**倘若沒有對自己內心進行深層的追索，我們如何能得知眼前所有感知的世界不會是自我內心所投射的幻想呢？**但是在臺灣，即使是當前方興未艾的生命教育，也常常流於一堆口號與教條，又有幾個是真正以自我認識作為基礎，然後體會到他者的存在一如自我的存在般，都是必須投以深刻的凝視而始能共感互動的呢？

教育的重要性，不就是在自我與他者的相遇，而且就是在此相遇的場域（一個由自我對他者的凝視及他者對自我的反照所共同築造出來的場域）中，我們才能看到教育的重要性嗎？

這個場域的特殊性，係來自於它的無目的性，既非為自我而存在，也非為他者而存在，而是在每一個自我與每一個他者的相遇後

所有累積下來的疲憊，好像在今天一次爆發。早上從嘉義市走到民雄這段路，感覺街道處處都很熟悉，但是串起來卻似乎永遠走不完。

所迸發而出的獨一無二性，所以它沒有預設的目的與答案。如同我在這場流浪開始之初，與朋友們之間的一段對話：

流浪的目的是什麼？或許不必為它強加一個崇高或甚至偽善的目的，因為流浪本身就是應該無目的性的啊！生命的本質難道不該如此嗎？每個人在一生的流浪中，又有誰能明確給予誰目的與答案呢？**讓每一個人成就自身一生的獨一無二性，**難道不是教育這個場域所該提供的嗎？

但是，請看臺灣現今的教育體制，幾乎都是由教育主政者操控著教育的目的，然後隨著主政者更迭，教育目的也不斷改變。國民黨執政時期，以反共抗俄為教育目的，輪到民進黨執政了，又以推行愛臺灣的本土教育為首要目標……。這樣的迭宕造成這幾代學子的價值觀混亂，甚至變成了互相敵視的世代對立。

整個環臺旅程終於結束了！但真的結束了嗎？

過度追求教育的目的，反而喪失了教育的本質，讓我不禁思考：教育真的必須設定一個價值目的嗎？教育不能是無目的性的嗎？

教育若帶有某種目的性的話，教育本身就會淪為工具。我們從小到大所接受的教育就是：老師／教育工作者把理想目標放在受教育者身上，並要求受教育者務必一一達至目標，但卻未必詢問過受教育者真正的意願或需求。這樣的教育理念顯然並不合理，因為每個個體都是獨一無二，其喜好或厭惡的東西也都不盡相同，但我們卻硬要將一樣的教育目標套用在每個人身上，並要求達到一定的程度，這反倒讓教育變成了奇怪的生產輸送帶或機器了。

目前臺灣的生命教育現狀，不就是這數十年來教育困境的翻版嗎？沒有自我的生命教育，一味鼓勵每個人必須為群體而活——

或是另一個極端：放任每個個體為自己而活。每一次教育目的的更迭，都造就了每一代人不同的價值觀，而且是教育者主導下的價值觀。

生命教育若不能喚起每一個自覺主體的存在意識，生命教育將淪為教條洗腦的工具；同樣地，生命教育如果不能讓我們看見他人的重要性與獨特性，則生命教育也只是獨斷的自我中心牢籠。生命教育必須由下而上，而非由上而下，在每一個生命的兩難情境中，我們其實是找不到可以放諸四海而皆準的生存法則，因為每一次的困境都是獨一無二，而且以往其他的成功案例又無法完全複製於當前情境，我們唯一能憑恃的只是真誠地面對自我及聆聽他者，當兩者相遇之時，就如同海德格爾所言：「**生命存在的真理，係將自行設置入於此場域之中，然後它自然會躍然彰顯而出！**」

環島過程中，反課綱學運如火如荼，反映的不就是這一代的年輕人已經被逼到絕望邊緣了嗎？於是他們想做點什麼，想改變這個即將淪喪的國家！其間林同學的死諫，朱、王、梁3位同學在面對教育部長之後對教育體制失望而退出，許多人都說他們已經很努力了，但這樣的重擔本來就不該由他們扛起，接下來交給大人們吧！

最後我還想說的是，就是因為這些所謂的大人們的自私與自利，才會造成今天臺灣的敗亂局面。作為大人世界的一份子，我的確羞於承認自己是大人，我只能用我的雙腳環走一圈臺灣，默默地哀看著臺灣在政黨惡鬥的爭權奪利下繼續沉淪！